怎样当记者

HOW TO BE A JOURNALIST

庹震 著

中国发展出版社

图书在版编目（CIP）数据

怎样当记者/庹震著．—北京：中国发展出版社，2006.5（2009.11 重印）

ISBN 978－7－80087－933－3

Ⅰ．怎…　Ⅱ．庹…　Ⅲ．①新闻工作—基本知识　②记者—基本知识　Ⅳ．G214.3

中国版本图书馆 CIP 数据核字（2006）第 037916 号

书　　名：怎样当记者
著作责任者：庹　震
出 版 发 行：中国发展出版社
（北京市西城区百万庄大街 16 号 8 层　100037）
标 准 书 号：ISBN 978－7－80087－933－3/Z·172
经　销　者：各地新华书店
印　刷　者：北京画中画印刷有限公司
开　　本：880×1230mm　1/32
印　　张：7.5
字　　数：170 千字
版　　次：2006 年 5 月第 1 版
印　　次：2009 年 11 月第 3 次印刷
印　　数：14001—19000 册
定　　价：22.00 元
咨 询 电 话：（010）68990692　68990622
购 书 热 线：（010）68990682　68990686
网　　址：http：//www.develpress.com.cn
电 子 邮 件：fazhan@drc.gov.cn

职业的幸福

●记者是一种全天候的职业。一个出色的记者，更要使自己处于这样的临战状态：不论何时何地，只要发现了有价值的新闻线索，就要立即出发，奔赴现场或寻找知情者，就要以最快的速度采写出新闻报道来。

●火热的现实生活，是优秀新闻作品的源泉和基础，提倡记者下“笨功夫”，目的是要使记者置身于社会生活的长河里，观察生活，认识生活，知其缓急，知其冷暖，知其深浅，不断从这长河中摸出“鲜活”的“大鱼”来。记者的主课是社会实践，记者的主舞台是一线的社会生活。

●记者如果拥有强烈的独家新闻意识，就会是一个非常勤奋和敏感的人。勤奋是第一位的，没有勤奋这一条，记者就不可能游进社会生活的海洋，也就不会从这浩瀚的海洋中捕获新闻线索。

●新闻记者，植根于社会，服务于社会，奉献于社会。这就要求记者有时刻忘我的思想境界。记者碰到了新闻，不论何时何地何种情况，都不应当放过采写机会。

●一个记者听到赞誉比听到批评容易，因此，记者就要“头脑清醒”，就要善于对自己的新闻作品“横挑鼻子竖挑眼”，不断查找不足，使自己今后长久受益。

●记者远离火热的现实生活是很危险的，因此可能失去“发现”新闻的能力。“发现”的基本功，说到底是深入实际、深入生活、深入群众。新闻在现实生活的激流中，记者只有进入其中，才能发现它们。

●记者“走四方”，走马观花是一种走法，脚踏实地又是一种走法。有经验的记者，会在“走四方”中眼观六路，耳听八方，一切有价值的新闻都不会从耳边、从眼底、从手中逃走。

●新闻记者是在新闻实践中锻炼成长的，实践的过程，是社会阅历和经验不断积累的过程，也是新闻采写水平、新闻作品质量不断提高的过程，更是新闻素养由“感性认识”到“理性认识”不断升华的过程。

●新闻在哪里？如果说它是藏在深山里的矿藏，记者则是深山探宝的矿工。从丰富的矿藏到金银铜铁锡等诸般矿产品，要经历挖掘的过程、筛选的过程、冶炼的过程、铸造的过程。

●新闻记者，须早起、早醒、早知，只有知道的早，知道的快，知道的多，才能胜任这项工作，而一知半解、似懂非懂就会误事。“一桶水”是非常必要的，而“水”就在火热的生活里，在大千世界里，在科学和知识的海洋里。“深水不响，响水不深”。新闻工作者，一生都是生活在人民中的学生，一生要不停地丰富自己，一边一瓢瓢地向外舀水，一边要不断地补充水源，永远保持一定的“蓄水量”。

●我们的笔，我们的话筒，我们的镜头，记录着我们国家的日益强盛，记录着人民的日渐富裕，也记录着新闻工作者的一种职业的幸福。

目录
·Contents

CONTENTS

第一辑 记者感悟

C O N T E N T S

第二辑 采写技巧

CONTENTS

第一辑

记者感悟

JiZheGanWu

同为记者，心是通的。风里雨里，炎夏寒冬，大家甘苦与共。许多的话无论点点滴滴都是有感而发的，新闻实践将同行们紧紧连在了一起。记者工作的舞台，其实是很大很大的，每一个记者都能成为这个舞台上光彩夺目的主角……

How to be a journalist

全天候记者怎么当

记者是一种全天候的职业。一个出色的记者，更要使自己处于这样的临战状态：不论何时何地，只要发现了有价值的新闻线索，就要立即出发，奔赴现场或寻找知情者，就要以最快的速度采写出新闻报道来。这是基本的道理。可惜的是，现在我们的一些记者，不仅做不到这些，甚至做不到最起码的灵敏和勤奋，即便在“上班”的8小时里，也没有进入应有的工作状态，一年到头写不出几篇像样的新闻报道。这种现象很值得注意，也应引起我们的深思。

笔者曾经到《中国青年报》参加一个职称评审会议，会上听到了一件事：该报一位驻站的记者向社会公布了自己的手机号码，并对社会承诺：手机24小时打开，社会各界都可以向记者反映和提供新闻线索。这个记者的诚心，打动了人们，赢得了人们的信任，也获得了一个又一个有价值的新闻报道线索，写出了不少独家新闻。听到这件事，联想了很多。他做的事，听起来也不难理解，一是为了建立一种记者与社会的紧密联系，二是表明了记者的“临战意识”。但就是这样的看起来是记者应有的一种做法，我们的不少记者现在却没有做到。

记者向社会公布自己的手机号码，是一种值得提倡的做法。这样做的意义是很大的。新闻记者不能远离社会生活。不仅如此，还必须扎根于社会生活。火热的现实社会生活，是优秀新闻作品诞生的源泉。记者新闻事业的成功，离不开社会生活这个源泉。一旦记者“双脚离地”，就立刻会失去对新闻的知觉和敏感，所写的新闻报道也就会缺乏鲜活的生活气息，就会不受欢迎。记者向社会公布手机号码，象征着新闻工作者与社会生活之间的鱼水关系。鱼是不能离开水的。现在有的记者，认识上出了问题，不是千方百计去贴近现实生活，去贴近群众，而是将采写新闻报道的渠道寄希望在新闻发布会和材料堆里。这些记者离开了各种会议和材料，就写不出新闻作品。这当然是很不应该的。

作为新闻工作者，应该尽可能地敞开自己与社会沟通的各种渠道，并让各种渠道在每天的 24 小时里畅通无阻。只有如此，记者的应有作用才能得到充分发挥。记者的新闻采访大门对社会 24 小时开放，实际上也是记者对自己提出了更高的要求。第一，在这种全天候开放的情况下，记者必须是勤奋的，是不能有懈怠情绪的，不论自己是否处于疲劳状态，一旦接到了有价值的新闻线索，都要立即动起来，抓住时机，力争使自己成为第一个到达事发现场的记者，或者成为最早获取第一手资料的记者。第二，这种全天候开放情况，也要求记者具有强烈的新闻敏感，而丝毫的麻木和迟钝都是不行的。迟钝和麻木，会使有价值的新闻线索遭到遗弃，而遗弃一个有价值的新闻线索，就可能影响几个或更多新闻报道线索的获得。第三，在这种全天候开放的情况下，记者会处于一种“连续运转”状态，一方面会拥有不断积累新闻采写经验的机会，一方面也会使自己始终处于紧张的状态中。这就要求记者具有较强的耐力。当然，“连续运转”也会使自己的新闻采访业务水平相应得到较快的提高。

社会各界是欢迎“全天候记者”的。因为大家对新闻工作寄予了很大的希望。大家不仅希望通过新闻报道反映自己的呼声和要求，还希望通过新闻报道了解自己想知而不知的事情。而只有记者全天候地工作，才能最大可能地实现这一切。所以，我们应该大力提倡“全天候”的采访作风，要让“全天候记者”尽快多起来。

“先天素质”与“后天修炼”

曾有一位大学同学很不理解我的“改行”经历。他问了我一个问题：一个学经济专业的人，满脑子是理论概念和统计数据，你改行做新闻后“丢掉”了什么，又“添置”了什么？

当时我想了想，说了三句话：“丢掉”了“慢功夫”，“添置”了“快节奏”；“丢掉”了“专”字，“添置”了“杂”字；“丢掉”了“求静”，“添置”了“求动”。所谓“快节奏”，是抢抓新闻时要快、要早、要先的功夫；所谓“杂”，是新闻工作者知识面要宽，什么都要懂一点，要知其一、二；所谓“求动”，是做新闻要脑不闲、脚不停、笔不止。

现在回头想想，老同学的问题，实际不只是问我的，也是问所有入“新闻门”同行的。为什么这么说呢？因为所有的同行，大家都不是天生就是当记者的，都是由“普通人”一步步“变”过来的。在“变”的过程中，大家都作了“丢掉”和“添置”的选择。尽管选择是各种各样的，但“无人不变”却是事实。当然，在适应新闻报道工作时每个人的“变法”是不同的。比如，有的人在参加新闻工作前不善言谈。当记者要天天与人打交道，不善言谈不行，于是，就要改变过来，要学着说话，学与各种人打交道时要说的话。再比如，有的人是“慢性子”，遇事不慌不忙，进入新闻岗位后，“慢性子”就不行了，新闻工作要求记者要有快速反应能力，脑快眼快脚快手快，只有这样，才能胜任自己的工作。

每一个记者身上，实际都有两种“因子”，一种是“先天素质”，一种是“后天修炼”。“先天素质”包括了自己的性格、脾气，自己进入新闻岗位前的知识结构、文化水平、写作能力，等等。“后天修炼”包括了进入新闻岗位后“添置”的一切，如性格、脾气改变的方面，知识结构调整的地方，文化水平和写作能力提高的部分，等等。“变”与“不变”，会在每个人身上体现出来。适应新闻工作的素质，是要保留下来的；而对做好新闻工作来说缺乏的素质，要补充进来，这是需要有选择地“添置”与“放弃”的过程。

那么，有没有人因为固守“原本”不进行必要的“添置”而不适应新闻工作呢？有。有的人当了记者之后，没有注意“调整”自己，不是去想办法让自己尽快适应新闻工作，而是让新闻工作适应自己，结果是自己被新闻工作淘汰。这个淘汰的意思，不仅表现在有的人不适应而离开了新闻工作队伍，还表现在有的人虽然人在新闻工作的队伍里，但实际上已经发挥不出什么作用了。

新闻工作的职业特征十分明显。没有一定的素质，确实是做不了这一行的。有经验的记者说：“新闻这碗饭真不是好吃的，没有两下子，千万别在这儿呆着。”事实就是这样。尤其要强调一点，记者“后天素质”不是一天完成的，是一个不断炼就的过程，甚至是整个一生的过程。只有不断地“添置”，不断地“调整”，记者才能在每一个新的一天里适应新闻工作。

采访要“访” 记者要“记”

记者该如何抓贴近实际、贴近生活、贴近群众的新闻？如何在报道中体现出分析问题的深度和观察问题的前瞻性？我们有很多经验，也有不少成功的例子。举两个例子：

例一：《经济日报》2005 年 9 月 23 日的《节后月饼怎么办?》一文。这是篇有分量的新闻稿。这篇稿子好在哪里？一是新闻题材选得好，有“鲜活感”，中秋节刚过没几天，节后市场上月饼是怎么处理的？这是人们比较关心的问题，也是个很好的新闻素材，两位同志以敏锐的新闻嗅觉捕捉到这一素材，快速采访，及时写出了报道。二是从新闻稿中可以看出，记者走访了生产、销售各环节，还采访了专家、消费者，内容真实、可信，通过扎扎实实地采访，从现场汲取来的素材，没有水分。采访上是真正下了“苦功夫”、“笨功夫”的。三是整篇稿件文字简练，选材得体，内在逻辑性强，观点鲜明。总之，这是一篇有见地的短而有深度的经济新闻。

例二：2006 年初，《经济日报》报道了一批有突出贡献的科技人物，大都是长篇人物通讯，稿件都是口问耳听手记完成的“采访稿”，都是通过记者和主人公近距离的长时间的接触所完成的作品，其中有些人物的写作，细节运用得非常好。比如记者李予阳2006 年2 月22 日的稿件《夏家辉：挑战医学遗传学难题》，在描写一个科学家对科研的认真态度时写到这样一件事：一只蚊子腿在实验过程中找不着了，于是他用一根绳子将实验桌周围圈了起来，拿放大镜仔细找了三天，终于找回了这条蚊子腿。像这样的细节，不去采访是得不来的，这位记者跟踪主人公一个星期，从这位主人公不愿意接受采访到走进他的内心世界，到讲了很多他人生的坎坷，他在科研道路上的曲折，他的人生观、价值观，他对待师长、学生、助手等方面的态度，报道写得很感人。

解析政策，透视生活，聚焦热点，这就要求我们记者要有较强的新闻敏感，善于发现，见微知著，快速反应。记者要“记”，采访要“访”，这种“笨功夫”丢不得。按照“三贴近”的要求，记者只要转变作风，改进文风，深入基层，深入一线，不靠“现成材料”，用眼看，用脚走，用脑想，用手写，就一定能多出鲜活的新闻精品。记者要在新闻工作中成就一番事业，我认为，靠“天赋”不如靠努力，靠“捷径”不如靠勤奋。不管现代社会物质条件如何改善，新闻传输手段如何先进，真正的好稿子还是“跑”出来的，“挖”出来的，“访”出来的，“写”出来的。

作为记者，要处理好“综合材料稿”和“采访稿”的关系。对于“综合材料稿”，我们要辩证地看，很多综合数据都体现在有关部门和地方的文件报告、会议材料中，各方面会给记者提供一些现成的文字资料，这些资料，应该说为记者采写一些宏观性的、中观性的报道提供了方便，相对来说，这些材料中的数据也比较准确。据此写报道，是报道工作的重要组成部分。但是有的记者，一年下来，靠“采”和“访”完成的稿件太少，这就值得注意了。

说对“综合材料稿”要辩证地看，是因为“综合材料稿”

的写作本身也能见水平，报纸上需要写得很精细、很准确、下功夫写的“综合材料稿”，实践证明，有些“综合材料稿”也能写出精品。

但是，记者通过“采”和“访”形成的报道太少，报纸就显得生气不够、活力不够。写好“采访稿”，坚持“三贴近”，要特别注重细节的掌握。有一次宣传一个农村基层干部典型，其中有个细节很有意思，一种说法讲，这个主人公从小家里就很穷，从来没有上过学；另一种说法讲，他家里很穷，只上过一天学；还有一种说法讲，他家里很穷，只上过半天学。同样一个人物，三个说法，到底哪个准确？后来经过了解，那个半天的说法是准确的。为什么是半天？是因为主人公家里很穷，小时候到学堂去报到，上午是开学典礼，下午收学费，他上了半天学以后，听说要交学费就跑了，所以说只上了半天学。恰恰就是这样一个细节，能反映记者在采访过程中的深入和不深入，扎实和不扎实。

看一个记者采访深入不深入，从“采访稿”所占稿件的比例中就可以看出来。一年之中只要记者能拿出一定的时间来，离开文山会海，深入基层，深入群众，深入生活，就一定能够抓到新鲜的“活鱼”。

附文：

节后月饼怎么办？

（许红洲　黄丽丽　2005年9月23日　《经济日报》第9版）

本报北京9月22日讯　记者许红洲　实习生黄丽丽报道　热闹的中秋节刚过，几天前还在货架上摆放着的月饼，如今已是难觅踪影。在感叹时令消费品节前节后巨大反差的同时，人们不禁要问：商家究竟怎样处理节后月饼，它们的最终归属何去何从？

节后这几天，记者在位于北京市王府井大街的百货大楼里看到，大多数月饼已经全线撤下柜台。在稻香村专柜上摆放着少量散装月饼，价格从节前的12元/斤降到了8元/斤，当记者问到月饼是否只有这些的时候，营业员从柜子底下拿出了两盒价格分别为145元和218元的礼盒装月饼，并说要买的话可以打折。

这位营业员说，稻香村的月饼在中秋节第二天就返回厂家了，剩下的只是少数。礼盒装月饼是为了方便一些顾客，有人要的话就卖。问及是否知道月饼返回厂家后做何处理，她说，应该是毁掉吧。最近出了很多新政策规定，不能使用陈陷做第二年的月饼，浪费也是没有办法的事。

据了解，大多数知名月饼厂商从中秋节当天下午五六点钟起，就开始陆续回收未卖出去的剩余月饼。某大型超市负责人说，从往年的情况来看，如果节后继续出售月饼，即使打折卖，销售情况也不理想，存货大量积压也是一种浪费。他们和厂家都有协议，卖不完的月饼都由厂家统一回收，或者拉到小型超市或零售点贱卖，过了保质期的就销毁。

那么厂家是否控制了月饼产量？月饼在返回厂家之后又是如何处理的呢？北京稻香村食品集团销售部的有关负责人告诉记者，稻香村在中秋节前7天就停止生产月饼，目的就是为了控制产量减少浪费。节日当天的月饼不打折销售，基本上能够卖完，返回厂里的数量较少。对于返厂的少数月饼，归加工厂处理。

由于馅料占了月饼原料成本的近70%，且月饼的保质期短，以往有厂家用卖不掉的月饼回炉加工成其他糕点出售。对此，北京焙烤食品糖制品协会有关负责人表示，将馅料“回炉”做其他点心的做法不符合我国的有关规定，侵害了消费者的权益。

从2004年起，我国就实施了首个月饼行业新标准，包括《月饼馅料》、《月饼类糕点通用技术要求》等新行标，对月饼的原辅料及主料用量、卫生要求、馅料的配方等作了细致的规定，“严禁使用陈馅制作月饼”已经成为一项强制性执行标准。

据了解，今年此种情况较少发生。很多厂家纷纷出招，对付这些“回笼月饼”。北京某月饼生产商表示，剩下的小部分月饼将作为福利发放给员工。一些消费者则认为，可以买节后打折的月饼当作早点或者点心，物美价廉，不失为一种好选择。

业内人士指出，今年月饼市场总体上仍是供大于求，但厂家剩余的产品量并不是很大。剩下的月饼主要通过三个途径进行处理，一是作为员工福利发放，把剩余的月饼在企业内消化；二是在市场上低价销售，打折处理；此外，可能极少部分被浪费了。有关专家认为，不管是销毁月饼，还是低价出售，抑或是作为福利发放给员工，都仅仅是一些基本的对策。随着生活习惯的变化和人民生活水平的提高，作为庆祝传统佳节的月饼，其内涵正在悄悄地发生着变化，只有当月饼回归到普通食品的本色，才能更好地避免一些不必要的浪费。

阅历问题

新闻单位在选配记者时，要考虑许多因素，如政治素质、写作水平、口才、社会活动能力等，还有没有要考虑的其他因素呢？有。还有一个重要的因素，就是候选人的新闻工作阅历。

阅历问题，在考虑记者人选时显得十分重要。用人单位重视这一点不是没有原因的。在新闻采访工作中，有经验的记者和没经验的记者，差别是很大的。有经验的记者，一进入事发现场，马上就会作出比较准确的判断：此事值不值得报道，用什么体裁（消息、通讯、特写、评论）来报道，报道的思路如何，框架怎么搭建，往往会比较有把握。而没有经验的记者，遇到一个采访题目或突发事件，心中没有“参数”或“参数”不多，从而对要不要报道和如何报道等问题，往往考虑得不成熟，因而会对报道工作产生不利影响。采访经验多少与记者阅历深浅是密切相关的。一般来说，有一定的新闻工作阅历，往往采访经验要多一些。缺乏新闻工作阅历的人，一般采访经验要少一些。尽管这里可能会有例外，但总的规律如此。

这里有一个矛盾，如果大家都不要“新手”，那不就会使记者队伍出现“青黄不接”的局面了吗？

的确，有这个问题。许多新闻单位是因为急需用人才打开“选材”大门的。来了人马上就想一个顶一个，是一种正常而普遍的愿望。有一定的新闻阅历，可以减少培训的时间和成本，这也是很自然的事情。

对新闻阅历问题，实际上要看得客观一些。这里要说三句话。第一句，新闻工作的阅历很重要，一定的阅历与一定的经验是分不开的。第二句，不可过分强调新闻工作阅历。有大量事例证明，许多新手具有一定的创造力，脑子里“框框”较少，有时会写出很有新意的报道来。第三句，记者不要把自己的新闻工作阅历当成“包袱”，有阅历不要“自满”，缺少阅历不要“自卑”。一定要认识到一点，最关键的是让阅历的增加与采写经验的增加“同步运行”。

看阅历，要辩证地看，用发展的眼光看。一个年轻的记者，虽然阅历浅，但只要全身心投入新闻实践，不断积累经验和教训，用不了几年，就会成为出色的新闻工作者。

总之，概括起来，对新闻工作者来说，阅历是重要的；重阅历，不等于把阅历作为惟一的尺子；阅历的尺子，是把灵活的不断变化的尺子。

"定位"的价值

一

"定位"的概念，不是说找个固定工作岗位，也不是说到什么部门工作，而是确定自己业务发展上的方向。

应该说，年轻人刚踏进"新闻门"时，"可塑性"是比较大的，这时候，也可以叫做"弹性强"、"灵活度大"。一旦人过中年，再"改弦易辙"，则要难多了。正因为如此，趁年轻时，就要把握时机把自己的业务发展方向选择好。

俗话说，"女怕嫁错郎，男怕选错行"。这里，"男怕选错行"说的是男人在从业时选择的重要性。其实，在现代社会，不论是男还是女，都有个选择职业的问题。不仅如此，每个人的情况不同，如何根据自己的素质特长和基本条件，选择最能发挥自己能力与潜力的岗位，是非常关键的。选择适当，于社会于自己都有利；而选择不当，于社会于自己都不利。

新闻这个职业，本身是社会上"三百六十行"中的一行。一个适合做新闻工作的人，选择了新闻这一行后是不是就万事大吉了？恐怕不是。实际上，新闻这一行里，又分为不同的岗位，不同人对不同岗位的选择，恰当与否，也是件不容忽视的事情。

二

我们先来看看新闻职业内的两大分工——编辑和记者——的“定位”问题。

人们确有对某人作出“多面手”评价的时候。但是，无论是谁，无论其如何“多才多艺”，其“特别的地方”是什么，往往最引人注目的，还只是一个侧面。比如评论一个新闻工作者，往往会说“他是个好编辑”或者“他是个好记者”。而说“他又能写又能编”的往往不多。人生有限，发挥才智干事业的时间更有限，如何在有限的人生旅程中取得事业上的成就，“集中力量”在某一领域奋斗，实在至关重要。

进“新闻门”后，年轻人面临的第一大选择是：“我是当编辑可以最大限度发挥作用，还是当记者可以最大限度发挥作用?”

显然，新闻单位对编辑和记者的职责要求、素质要求是不同的。用形象一些的语言讲，编辑是“炒菜”的，而记者是“买菜”的。“炒菜”的要有掌勺的功夫，“买菜”的要有采购的本领。短暂的一生之中，熟练掌握“炒菜”功夫不易，成为“采购”方面的行家里手也不那么简单。这里，“专”往往会朝“精”、“深”、“高”的方面靠拢一些，而“杂”则往往不易形成个人事业发展上的突破。依笔者愚见，不论当编辑，还是当记者，都有成功的希望。不怕自己朝一个方向努力变“专”了，就怕自己什么都行什么都不行。

需要指出的是，每个人在编辑或记者业务方面的“定位”，都需要有一个过程。什么都没干，不会知道自己能干什么。成功的选择，是通过实践来完成的。在实践中认识、开发了自己的特长，让其发扬光大，集中力量和时间去“攻关”，就会取得较好的成效。换句话说，“定位”不是天上掉下来的东西，而是自己特长、主观努力、工作需要三方面“结合”的产物。

我们可以看看老一辈新闻工作者们走过的道路，他们中的许多成功者都在实践中选准了自己的“岗位”，并且在“定位”中获得了丰硕成果。

人生中最有价值的东西是事业。这事业，既是个人对社会的奉献，也是社会对个人的需要。要想事业有成，专心致志恐怕是万不可忽视的秘诀。

“定位”要准，“定位”要早。学会给自己“定位”，也是有学问的。定准了，是一种样子；定错了，会是另一种结果。定早了是一回事，定晚了又是另一番光景。从这个意义上讲，“定位”一事不可小瞧。

三

下面专门谈谈记者工作本身的“分类”及“定位”问题。

记者的“行内”，有着多种分工的“说法”。一种“说法”，是将记者分为三类：职业型记者，写报道以短、快、多为特征；学者型记者，写报道以深度和思想性强见长；文学型记者，写报道擅长情节描述和注重文采。另一种“说法”，是将记者分为五类：时政报道记者，主要从事党政部门活动的报道；经济报道记者（又称工商记者），主要从事经济生活方面的报道；法制报道记者，主要从事与立法执法有关的报道；文体报道记者，主要从事文化艺术与体育方面的报道；科教报道记者，主要从事科学技术和教育方面的报道。

当然，还有其他的“分类”法。但就这两种“分类”法，我们就可以看出记者这一行实际上“行内有行”。数十万的记者队伍，就具体分布在不同的采写岗位上。不少记者相当长时间固定在一个岗位，有的记者一辈子甚至是在一个岗位上度过的。这就提出一个问题，记者在迈进“新闻门”后，要考虑如何让自己的能力及潜力得到最大限度的发挥。有人说，记者工作的任何岗位，只要自己认真地干，努力地干，没有干不好的。这话在一定意义上是有道理的。但不容忽视的事实是，每个人的情况不尽相同，同一个人，放在不同的地方，会发挥出不同的作用，也是无数例子所证明了的。我们要提倡干一行爱一行，这与记者确立自己的业务发展方向并不矛盾。考虑到记者一般情况下工作岗位的相对固定性，慎重作出选择，找到可以发挥作用的最佳岗位，是无可非议的。比如，有的记者原本的文学功底较好，朝从事文体报道的方向发展就能够成就一番事业。相对固定的岗位，一旦选准了，记者便可以好好钻研本行中的学问，如法制报道记者，可以努力研究国内外的法律法规及法规执行中的问题，成为“半个法律专家”；又如体育报道记者，长期从事体育报道，对体育的比赛程序、规则，对赛事的历史沿革，对运动员的情况熟知，可以达到相当内行的程度。

最佳岗位，既需要在实践中寻找，又要通过实践印证其成效。一个记者是不是找到了自己的最佳岗位，实践是惟一的检验标准。每个记者都有自己的新闻实践，每个记者都有自己的实践道路，所以，最佳岗位的寻找和出彩的故事也是各种各样的。

“十八般武艺”从何而来

在武林中，“十八般武艺”指的是使用刀、枪、剑、戟等十八种古式兵器的武艺。而在新闻圈里，记者的“十八般武艺”，却只是一个比喻采写技能的“说法”了，就是说记者是“多面手”。比如，记者不仅能够进行一般的人和事的报道，一般性的会议报道，还善于采写企业生产一线职工，采写普通的农民，还善于采写学术界知识界人士，甚至善于采写国内外知名人士与有关部门的领导人；又比如，记者不仅会写消息，会写人物通讯，会写现场特写，还会写述评，会写评论员文章，会写杂文，等等。这些方面的本领，就使记者成为“全天候”的新闻工作者，可以在任何情况下担当重任。

一个很现实的问题，任何一位记者，都不是一下子成为“十八般武艺”全会的“多面手”的。换句话说，素质和技能全面的记者，是一步步走过来的。这一步步，又是一个个“单项技能”累加起来的。那么，有没有一个“进步”的一般规律呢？规律的存在也许是有的，但这里很难一下子寻找出来。不过，可以这么说，很多记者走的是三步发展的路子。第一步，是学习消息的采写，从“导语”，到“五要素”，到“段落结构”。这一步如同“起墙盖屋”时的“夯实地基”，是新闻采写工作的“基本功”。做到这一步，要求记者在求真求实上下功夫。第二步，是学习通讯的采写，开始是小特写，写凡人小事，再后是写人物通讯或事件通讯。做到这一步，要求记者具有一定的文字水平和谋篇布局的能力。第三步，是摸索着写述评和评论。做到这一步，要求记者具有一定的思想理论水平，有一定的分析问题的能力。这三步，每一步都是一个不小的台阶，真正迈上去，要下很大的力气。

有人会问："为什么要分三步走，合成一步走不更快更好吗?"回答这个问题，要从新闻的实践性这个特点出发。新闻是社会生活的反映，新闻工作具有极强的实践性。新闻有理论，但这个理论是大量实践后的理论。刚参加新闻工作，每一个记者都可以从新闻教科书上知道"消息"、"通讯"、"评论"的概念，也可以听取有经验的老记者的采写方法的介绍，但要真正明白这些概念的含义，尝出些滋味来，是在自己大量实践之后。消息这个体裁，是新闻实践的"ABC"，会采写消息之后，记者才可能驾驭和把握通讯的采写，有了一定的思想深度和理论知识积累，才会在评论领域发挥出作用。当然，这三步之间的界线并不是非常明显的，"混合状态"是常有的。笔者要表明的观点，是说这三步对记者有不同程度的要求，"步步高"是一般的趋势。

记者的"十八般武艺"，是靠勤奋和刻苦练就的。一个有志于新闻事业的记者，当脚踏实地，认真迈好每一步。

应该拥有什么样的“交际圈”

有人经常会以羡慕的口吻对我们说：“你们当记者的，认识人多，有优势，办事神通广大。”听了这话，我们说什么呢？说不清楚时，只好一笑了之。

仔细琢磨一番，这里还有个题目：记者应该拥有一个什么样的“交际圈”？

记者这个职业的特点之一，就是要不断与人打交道。也可以说，离开了与人打交道，也就做不了记者工作了。正因为此，记者要善于与人，尤其是善于与陌生人打交道。打交道的过程，很可能又是交朋友的好机会。朋友多了，就可以从一个侧面看出记者社会活动能力的大小。从一般的推断来说，记者的朋友多，新闻的线索就多，写出来的报道就多。这里的情况也有“异常”的，就是有的记者朋友很多但获得的新闻线索不多，所写的报道也不多。这有两个可能：一是记者交的这些朋友相当一部分不是为了做好新闻工作这个目的，或者说这些朋友对做好新闻工作是帮助不大的。二是记者不善于运用朋友的信息资源，不善于将已知的信息资源转化为新闻报道线索，不善于使朋友交往成为完成好新闻工作的助力。

有一种情况值得注意：有的记者交朋友，交的大都是能为自己或亲友办事的朋友，是通过“关系稿”的利益交换能给自己一些好处的朋友。这样交的朋友是不是真正的朋友且不说，就这样交朋友的标准，本身就很成问题。最根本的，这不是记者交朋友应有的原则。

作为一个优秀的记者，必须是一个善于交朋友并有一大批朋友的人。记者的朋友，除了个人的亲朋，应该是多方面、多层次的。用“广交朋友”这四个字，可以概括记者交朋友的范围。新闻前辈穆青，交了一批农民朋友。这些农民朋友，与穆青能推心置腹，把所思所想，所喜所忧，所困所惑，全讲出来，这就使穆青笔下的农民人物个个栩栩如生，有血有肉，既感人至深，又可信可亲。不少出色的记者，也都有善交朋友的特点。他们的被报道对象，有时是先成为了记者的朋友，然后成为记者笔下的新闻人物；有时是先成为记者笔下的新闻人物，然后又成了记者的朋友。

新闻记者，没有朋友是不行的。这个朋友范围，可以有国家领导人，可以有工人、农民、科技人员，在360行里都有朋友。这样，记者就耳聪目明，信息灵通，就知道社会生活之水的冷暖变化，知道群众在做什么，想什么，盼什么，就能成为一个受人敬重的人民的新闻工作者。

如何当读者

记者和读者，本是两个不同的角色，记者是写报道的，读者是看报道的，一个是“生产者”，一个是“消费者”。猛一想，这两个角色不能一个人来担当，怎么会有记者“如何当读者”这个题目呢？

其实，这个问题不难回答。的确，记者是专职写报道的，是新闻作品的“生产者”。但是，任何一个记者，必须又是一个热心的读者。读什么？第一，读本报的所有报道，知道自己工作的环境里的同事都写了哪些报道，自己正在进行或将要进行的采写题目及范围，是不是同事已经涉及了或将要涉及了，自己要根据情况进行必要的调整。同时，读同事的报道，也是一个学习的过程。第二，读外报的报道，尤其是与自己报道范围相同的一些报道。时刻关注同行的一举一动，及时掌握别人的报道动态，哪些抢在自己前面了，哪些落在自己后面了，哪些同时都发出的报道自己写得不如人家，做到心中有数。如果一个题目别人抓在自己前面了，而这个题目不应该丢掉，自己如何再“补一脚”，等等。不读外报，就封住了自己的耳目，就看不见别人的进步和自己的差距，就会失去争先恐后的紧迫感。第三，读新知识和新科技信息（包括本报上的和外报上的），增加自己的知识厚度，拓展自己的知识面，调整和更新自己的知识结构，这对于做好新闻工作至关重要。

记者当读者，与一般的人当读者，有相同的一面，也有不相同的一面。相同的一面，是读者的角色一样，看标题看文字，了解天下大小事，这没什么区别。不同的一面，是一般人看了报道仅仅是为了“知道”天下发生了什么，而记者还有一个需要，就是为了自己成为更加善于写报道而能让广大读者“知道”天下还要发生什么事的人，因而，要读得更细心，更认真，不仅“看热闹”更要“看门道”。

记者只做就事论事的采访，不读书不看报行不行？不行。记者必须同时是一个优秀的读者，这样才会有助于成为优秀的记者。这个道理是不难理解的。有的记者开始进步挺快，后来再上一个台阶怎么也上不去了，原因之一可能就是不读书不看报，或者是读书不多看报不勤。记者作为读者，目的很明确，一为了向同事同行学习，为了自己业务水平的长进；二为了做到知己知彼，使自己的新闻工作时刻处于主动地位；三为了提高自己的文化素质，使自己的知识基础更加厚实。有这个几个方面的好处，记者为什么不努力成为一个优秀的读者呢？

新条件下的“笨功夫”

关于“笨功夫”的不同认识，源于人们对“笨功夫”概念的不同理解。有的人误以为记者要下“笨功夫”，就是要完全重复昨天的“三同”（同吃、同住、同劳动），这些同志认为：现代社会的记者，不同于过去了，交通条件变了，通讯条件变了，写稿都用上电脑了，还说什么“笨功夫”？

实际上，目前议论“笨功夫”的问题，是有特殊原因的。什么原因？一个时期以来，有些记者过于“飘”了，长年蹲在大城市里，没有会议就发不了稿子，没有“材料”这个“拐棍”就不会写稿，有的人甚至上会连笔都不用带了，材料一拿，回去“编辑”一下就完事了。这些记者，出入的是大宾馆、大饭店，一切的“采访”活动都有人给安排好了，有的材料连“本报讯”三个字都写上了，记者不需要费功夫，靠第二手、第三手材料“过日子”，常常能给人一种轻轻松松的感觉。

这些年来，新闻界一直提倡记者要深入实际、深入生活、深入群众。当记者的，要抓新闻，必须以耳闻目睹为了解现实生活的主要途径，在对现实生活的了解中发现新闻线索和挖掘新闻资源，从切身感知的现实生活中提炼新闻报道的主题并最终完成新闻作品。这个过程的一步步，都是记者自己参与的，记者通过在基层与群众的接触，知道群众在做什么，想什么，盼什么，所写的新闻报道就有生活气息，新闻报道就会让群众觉得亲切，觉得离自己很近。

同时，也有同志认为时代进步了，经济发展了，条件改善了，信息渠道多了，再用过去的“三同”标准要求记者，不仅不现实，也没有必要了。这种观点的依据是：记者是抓新闻的，读者是看新闻的，既然读者看新闻的标准是“这究竟是不是新闻”，那么，记者就只有一个职责，那就是千方百计去抓新闻。不下“笨功夫”，如果也可以抓到新闻，如有的统计资料里就有新闻，如有的会上就有新闻，为什么就不行呢？有现成的物质条件不用，有先进的技术装备不用，为什么要去自找苦吃？

看来，对“笨功夫”，今天我们还要再认识。一方面，我们要真正理解“笨功夫”的准确含义，将深入实际、深入生活、深入群众的优良作风发扬光大；另一方面，我们也要看到新闻工作的社会和经济环境的变化，使“笨功夫”在新的历史时期，拥有更加丰富的内涵。

笔者认为，“笨功夫”的本义，绝不是个“笨”字，要紧的是“功夫”二字。什么“功夫”？通过深入实际、深入生活、深入群众，发现新闻线索，采掘新闻资源，完成新闻作品的“功夫”。这里，新闻环境的变化，如物质条件的改善，对新闻工作的影响是有的，也是不容忽视的。但记者新闻功底的深浅，着实与物质条件的好坏关系不大。在战争年代，各种条件都很差，不也出了许多的名记者吗？在今天，在优越的物质条件面前，有的记者不照样没有什么作为吗？

新闻的生命，在于真实。应该说，会议里面也有新闻，好的会议报道还会是受欢迎的好新闻；材料里面也有新闻，会运用材料的记者也是有水平的表现。但是，仅此远远不够。真实的东西，对记者来说，不是从天上掉下来的，是记者从社会实践中获得的。讲记者要下“笨功夫”，其目的，就在于使采访者与被采访者之间，有一个“面对面”的交流，有一个“心碰心”的机会，使采访者了解和知道被采访者如何工作、如何生活，在做什么，在想什么，从被采访者的言谈举止，到心灵深处，甚至被采访者的工作和生活环境，都有一个直接而非间接的认识。这样也就会为记者提炼新闻的主题思想奠定了雄厚的基础。过去提倡的“三同”只是记者进行社会实践的一种方式，且不同的人还有个不同的效果问题。有的记者“三同”时善于观察生活，新闻敏感强，采写水平高，写出了优秀的新闻作品；有的记者“三同”之后因不善于观察生活，缺乏新闻敏感，采写水平低，照样写不出优秀的新闻作品。

火热的现实生活，是优秀新闻作品产生的源泉和基础。提倡记者要下“笨功夫”，目的是要使记者置身于社会生活的长河里，观察生活，认识生活，知其缓急，知其冷暖，知其深浅，不断从这长河中摸出“鲜活”的“大鱼”来。记者的主课是社会实践，记者的主舞台是一线的社会生活。把主舞台定位在机关，在大宾馆、大饭店，在“会场”和“饭场”，把“主新闻源”定位在“材料堆里”，确实是一种很不应该的选择。

有一点还要说明，提倡记者下“笨功夫”，我们对物质条件，不是也不应该持一种排斥的态度。我们要掌握一切有助于提高新闻采写效率，一切有助于加快新闻信息传递速度的现代技术手段，如现代交通工具、现代通讯方法、电脑设备，等等。这些物质条件，应用好了，只会使记者在深入采访时更快、更好、更准地反映社会生活。

"记者亲历"带来了什么

从2006年1月起,《经济日报》"记者亲历"栏目上了一版,第一篇稿子是记者刘存瑞写的《我到井下当"矿工"》。这篇报道,记者"来到"了真实的"一线",从而也"看到"了真实煤矿生产现场,"听到"了矿工的心声,"感受到"了原煤生产者的艰辛和伟大。

看看记者刘存瑞的"耳闻目睹"吧。

——"记者在穿越这200米的工作面时累得直不起腰,汗水湿透了全身。累的原因,一是在穿过工作面时,需在液压支架间一条窄窄的钢铁过道中穿行,且由于顶板状况不一,液压支架有高有低,基本上都是在弯腰行走。二是矿灯光线微弱,穿行时得上下左右看清再走,稍不小心,就可能碰疼身体,心情也就紧张起来。看到矿工们每天8小时在这样环境下工作,令人肃然起敬。"

——"记者还在巷道中看到该矿的另一种安全做法:在通行的巷道中,每隔几十米就挂着一幅醒目的安全牌匾,上面写的内容充满人性味和亲情味。例如:'朋友,遵章作业是你生命的保障,没有了生命就没有一切,因为你的老婆等着你赚下的钱来买米下锅,你的孩子等着你替他交学费,所有的亲人盼你安全归来''安全生产你管我管,大家管方平安;事故隐患你查我查，人人查才安全’‘安全与幸福并存，麻痹与痛苦共生’。”

——“时间过得很快，仅在井下走了一圈就 5 个小时。在出井的路上，记者碰到几名送饭工，各背着一个大饭包弯腰捷行，要比轻装的记者走得快多了。记者拦住一位问：‘今天吃什么？’答：‘包子和过油肉。’问：‘每天都一样吗？’答：‘一周不重样，搭配着吃’……记者问同行的宣传部杨部长，听说在井下背饭工是最轻松的工种？杨部长回答：这样说也对，但事实上不尽然。一个背饭工背负的饭和水就有 60 多斤重，为了防止饭凉，在井下巷道几乎是小跑，5000 米的距离仅需一个多小时。送到工作面，饭还是热的，但背饭工的衣服已被汗水浸透了。还有，饭包负在背上，烫得难受，个中滋味只有亲身体验才能知道。”

——“从井下返回地面，浑身像散了架般困乏酸痛。记者不禁想到一位经济学家所言，在一个相当长的时期内，煤炭对于中国就像空气和水一样不可或缺。采煤的矿工们：你们的奉献精神更值得人们敬佩！”

生活是座富矿。对新闻记者而言，“沉下去”，才会有收获，才能有“真情实感”。《经济日报》让“记者亲历”这个栏目“上一版”，意在引导、鼓励记者深入实际、深入生活、深入群众，把“自己”真正“融入进去”。

深入一线，选好题目，扎实采访是该栏目报道的共同特点。记者刘存瑞为了了解矿工生活，深入千米井下；记者单保江为了体验菜农的辛苦，在菜地里蹲了三天；记者李琛奇为采访兰州火车站春运工作，冒雪在车站里连续采访两天两夜，最后写出《踏雪寻访兰铁春运的“细节”》；记者刘麟的《在一位山乡老党员家过年》也是这样，为了写好山乡老党员，大年三十住进了老党员家……“往下沉”，大家收获颇丰。从“记者亲历”

栏目，想到了以下几点：

第一，一定要扑下身子，下苦功夫、真功夫采访，努力做到“三贴近”。“亲历”就是要求记者转换角色，或亲历或体验一个新闻事件，成为一个新闻事实的经历者和体验者，目睹整个事件的过程。因此，采访扎实不扎实，深入不深入就决定了报道能否成功。采访是基础，一定不能“浮光掠影”。记者郑明桥在采写《我到超市“卖年货”》时，为体验百姓春节采办年货，一猛子扎到超市中当了两天营业员，“真情实感”从中自然就会产生。

第二，一定要有鲜明的主题思想。记者在采访前的准备工作中，先要想两个问题：要体验什么生活？反映什么方面的问题？记者张建军随农民工坐火车返家，就是想通过“回乡之途”看民工的工作生活、工资发放及全社会如何关心农民工的情况，最后写出了《随农民工千里返乡》。记者王伟写《踏雪农家访备耕》就是春耕即将开始，看国家鼓励农民种粮的各项政策是否到位。没有鲜明的主题思想，稿件就缺乏分量。

主题思想还反映在写稿的深度上，如记者单保江采写的《我到寿光当“菜农”》，最后一段是这样写的：“晚上躺在床上，浑身酸痛睡不着。可是我脑海里却浮现出好多鲜活的题目。第一个题目就是‘八分地上的充分就业’。老葛他们这个村，近3000口人，多半种蔬菜大棚，其余的搞蔬菜运输、销售。不光自己村没有富余劳动力，还从外地雇了不少人帮工。我国搞这样的劳动密集型农业产业，潜力无穷。第二个题目是：‘发展设施农业，启动内需’。建一个百米大棚，加上卷帘机，投入3万元。很多菜农当年就收回成本。屯西村在这方面的投入估计有几千万元，2005年全村人均收入达到6200多元。农民加大投入，购买卷帘机等设备，拉动工业，农民收入增加，扩大消费，就会促进经济形成良性循环。第三个题目是：‘科技下乡，还得加力度’。老葛仅上了三年学，靠听讲座、随大溜，种起了大棚菜，在年过半百之后，过上了比较富裕的生活。同样种大棚，有的年收入一两万元，有的年收入一二十万元。差距就在科技上。靠科技解决农民致富问题，永远是最实际的途径。”字里行间的“三个题目”，深度就显现出来了。

第三，一定要善于选材，善于提炼，用精炼而平实的语言来表达新闻事实。“记者亲历”，由于要亲身经历新闻事件过程，写稿若不善于选材和提炼，容易“有闻必录”，冗长啰嗦，像“流水账”一样，见什么写什么，“金子”和“沙子”不分，文不顺，句不巧。因此要在选材上下功夫，学会在泥沙中“筛”出金子，有取有舍。可以说，采写“记者亲历”稿本身就是对记者采访和写作能力的综合考验和锤炼。

附文一：

我到井下当“矿工”

（刘存瑞　2006年1月3日　《经济日报》第1版）

2005年12月28日，起了个大早，记者赶往西山煤电股份公司西铭矿，和矿工们一起下井。

换上从单到棉的三件套工作服，穿上长统胶鞋，戴上安全帽，系上矿灯和自救器，俨然成了一名“矿工”。穿上工装重了十几斤，行走很不方便。记者明白，真正的矿工每天下井还得带上更重的作业工具。

同行的西铭矿矿长张天保介绍，从井口到采煤工作面全程约5000米，往返10公里。单程乘车2公里约30分钟，还需步行3公里。沿着弯弯曲曲或高或低的巷道，记者晃着矿灯一边走一边看，不时与巷道中往来的矿工聊几句，很快出了一身汗。

走到工作面时已近11点，双腿竟打起了颤。

记者进入的是西铭矿综采一队工作面，是井下采煤第一线作业场。工作面全长200米，由133架液压支柱和一台采煤机组成。采煤过程由液压支柱顶板，采煤机割煤，溜槽输运，像切豆腐一样，切完一块再往前推进一块，自动放顶。人停机不停，分三班倒，一个班有15名工人在现场作业，有采煤机司机、拉架工、移溜工和溜子工等工种。综采机是我国目前最先进的采煤装备，产量大、技术先进、安全性能高，大大减轻了工人的劳动强度。该队有110名职工，一年的产量就达到200万吨，相当于近百座地方小煤矿上万名职工采用炮采方法的年产量。

记者在穿越这200米的工作面时累得直不起腰，汗水湿透了全身。累的原因，一是在穿过工作面时，需在液压支架间一条窄窄的钢铁过道中穿行，且由于顶板状况不一，液压支架有高有低，基本上都是在弯腰行走。二是矿灯光线微弱，穿行时得上下左右看清再走，稍不小心，就可能碰疼身体，心情也就紧张起来。看到矿工们每天8小时在这样环境下工作，令人肃然起敬。

记者在电机旁采访了一位名叫李玉照的老矿工。李师傅今年54岁，在井下干了32年，采煤队的各个工种都干过，现在的岗位是验收员。李师傅说“安全为天”这句话对矿工来说是非常具体实在的，因为矿工每天都工作在石头、煤块、钢铁、水电、有害气体当中，稍不注意就会出事，一出事就是大事。但安全生产又是确实可以做到的，只要按照安全章程干活，就不会发生事故，所发生的事故都是违章造成的。特别是我们这样的大矿，采煤装备、采煤技术、安全管理措施都很好、很完善，不违章就出不了事。

如何防止违章呢？记者问。李师傅答：这说道多了，但主要是他保和自保。简单地说，“他保”是指安全检查和监督要严格，以硬性措施逼你安全。“自保”是指个人安全作业不麻痹，安全思想不松懈，要把安全生产作为自觉行为。比如，我们矿在井下实行了安全精细化管理，每个岗位都有具体操作标准，人人都有责任，并与工资挂钩，每天打分公布。对照标准，你要是不安全生产，即使没出事，也要扣你钱。同样上一个班，别人挣100元，你只挣10元，你不安全生产连饭都要吃不上，行吗？我们矿今年产煤400多万吨，就没死一个人。

一位姓安的柱子工以他的经历告诉记者，过去打一个单体支柱，因为没有具体要求，打起来就算完成了任务，不讲正不正、歪不歪，可能就造成了事故隐患。现在得按标准打，柱子也编了号，打不合格就要扣分。因此，为了挣钱也得按标准干，也就消灭了事故隐患。

记者还在巷道中看到该矿的另一种安全做法：在通行的巷道中，每隔几十米就挂着一幅醒目的安全牌匾，上面写的内容充满人性味和亲情味。例如：“朋友，遵章作业是你生命的保障，没有了生命就没有一切，因为你的老婆等着你赚下的钱来买米下锅，你的孩子等着你替他交学费，所有的亲人盼你安全归来”“安全生产你管我管，大家管方平安；事故隐患你查我查，人人查才安全”“安全与幸福并存，麻痹与痛苦共生”。

时间过得很快，仅在井下走了一圈就5个小时。在出井的路上，记者碰到几名送饭工，各背着一个大饭包弯腰捷行，要比轻装的记者走得快多了。记者拦住一位问：“今天吃什么？”答：“包子和过油肉。”问：“每天都一样吗？”答：“一周不重样，搭配着吃”……记者问同行的宣传部杨部长，听说在井下背饭工是最轻松的工种？杨部长回答：这样说也对，但事实上不尽然。一个背饭工背负的饭和水就有60多斤重，为了防止饭凉，在井下巷道几乎是小跑，5000米的距离仅需一个多小时。送到工作面，饭还是热的，但背饭工的衣服已被汗水浸透了。还有，饭包负在背上，烫得难受，个中滋味只有亲身体验才能知道。

从井下返回地面，浑身像散了架般困乏酸痛。记者不禁想到一位经济学家所言，在一个相当长的时期内，煤炭对于中国就像空气和水一样不可或缺。采煤的矿工们：你们的奉献精神更值得人们敬佩！

附文二：

我到寿光当“菜农”

（单保江　2006年1月8日　《经济日报》第1版）

1月6日，天蒙蒙亮，我就睡不着了。

爬起来，打开电视，收看天气预报节目。说真的，我过去对这类节目不常看，但现在，我要在寿光当“菜农”，种蔬菜大棚，不知道天气预报简直就是瞎撞。所以对电视台的天气预报，我看得很仔细。有经验的菜农看罢天气预报，对这一天该怎么干，如什么时候开棚、打什么药、施什么肥，甚至对蔬菜长势和市场行情，都能判断个八九不离十。

这是我从老菜农葛树庆师傅那里学来的。当“菜农”，我选了我国冬季大棚蔬菜的发源地山东省寿光市。寿光城东的屯西村，是远近闻名的蔬菜大棚村。1月5日，我先来这村拜师傅。年轻的村党支部书记葛茂学，精明能干又热情好客，马上就想把村里种菜的几个尖子介绍给我。我想了想，高精尖的东西我学不了，还是学点一般技术，干点粗活就行。葛茂学笑了，领我上街，恰巧碰上葛树庆。这位憨厚淳朴的老菜农，满口答应下来，当即把我领到大棚里，教我几项主要的农活，交待了一些注意事项，又看了几家的大棚。

葛师傅55岁，只上过三年学。种菜是个老把式，种大棚也有八九年了。他家棚里种的全是茄子，他与老伴两个人管，大年初一都不得闲。开始收茄子后，每天大棚盖棚之前，都把要卖的茄子摘下来，第二天一早5点左右送到村头，专门有人收。运输也是专业化，当天下午到北京，一天一夜到广州。

本想6日起早跟老葛卖菜，但前一段总是连阴天，收下的茄子都坏了，没法卖了，只好作罢。想想他们每天这么早就起床卖菜，感到菜农真是不容易。

6日早上，天很冷，气象预报最低温度是－11℃。8点多钟，太阳渐渐上来，是个难得的好天气。放眼望去，周围密密麻麻都是大棚。好多人已经爬到棚顶，开始拉开盖在大棚上的草苫子，当地菜农叫做“开棚”。这是个力气活，一道一道地拉，拉开一个棚大约一个小时。下午不等太阳下山再“盖棚”，也是一个小时。葛树庆不慌不忙，他家大棚装上了电动卷帘机，一开机，几分钟时间大棚就全卷起来了。看看大棚里的温度计，老葛高兴了：“10℃了，比昨天又高了一度。”

刚进大棚，我的眼镜便蒙上了厚厚一层雾。大棚里活很多，但多数我都干不了，或者说我干主人不放心。比如抹杈，要掐掉一些枝芽，好让茄子多坐果。打药，老葛也不让我干。我猜除了技术原因，也许是怕我太累。一个三四十斤的喷雾器，背在肩上大半天，不是轻松事。

干什么？就“点花”吧。腰上系一条围裙，围裙上有一个大口袋，装杂物用。围裙上还挂一个小瓶，盛些红色药水，是帮助茄子坐果用的。手里拿一支毛笔，蘸着药水往刚开花的茄柄上抹。明明是抹柄，为什么叫“点花”？原来多数大棚蔬菜，都是“点花”，所以不管抹花抹柄，都叫“点花”了。

刚开始，“点花”很轻松。蘸一次毛笔，点五六次，让人感到有劲使不上。不过精神还是很紧张的，瞪着眼，在密密麻麻的叶子里找那些小小的花蕾。一不小心漏下，这个茄子就完了。手中的笔，生死攸关，责任重大。从上到下，看完一遍不放心，再复检一次，生怕漏下一个小生灵。我看老葛的老伴丁淑芹就很熟练，该往哪里点，好像凭感觉就差不多，一棵茄子三下两下就过去。我可不敢这样快，慢点就慢点吧。

“点花”首先要辨认“谎花”。“谎花”不光长不成“正果”，还会夺走正常营养，因此只要发现“谎花”，必须当场掐掉。“谎花”叶柄比较细，只要细心，一般认不错。茄子坐果后，要把顶端已经萎缩的花轻轻撕下来，否则干霉病就会从上面起。底下黄枯的叶子，也要及时清理掉，以防病菌繁殖和传染。这些清理下来的东西，都放在围裙上的大口袋里，带到棚外清理掉。

活不算累，但老一个姿势，不一会工夫腰和脖子都感到酸。外边太阳光渐渐强烈起来，大棚里升温很快。厚厚的衣服脱了一层又一层，浑身还是冒出汗来。老葛说，由于前些日子连阴天，棚里温度还比较低。要平常太阳好，大棚里常常二三十摄氏度，一干活，穿着毛衣也出汗，很容易感冒。现在茄子长高了，好多了。原来矮时，不是弯着腰，就是蹲着、趴着，老那个姿势，很累。

看看身后，干完的刚刚十几垅。满棚茄子，大约一千三四百棵，按我的速度，三天四天也干不完。可是每天葛树庆夫妇都这样一棵不落地收拾一遍。进大棚前，我还羡慕菜农收入高。可不一会儿我就知道，他们挣的每一分钱，都浸满了汗珠子。

在一棵茄子前，老葛停住了。有几片叶子，蜷曲变黄，他怀疑是病害。摘下一片叶子，就要去附近的植物医院。

我赶忙跟上，一块去看个究竟。一路上，老葛说起了没文化的苦处："种大棚是个技术活，人家种得好的，一个棚一年收入十万八万不算啥。我文化低，只能随大溜。今年全村多半种茄子，我也跟着种。"

老葛告诉我，种大棚前，他对种菜不生疏。

种大棚的技术，一靠跟邻居模仿，二靠看电视、听广播、参加村里的培训班。有科技团下乡办技术讲座，村里大喇叭上就吆喝吆喝，只要是茄子方面的，再忙他也去听。儿子当兵八年，回来后想到城里找工作。在家里人劝说下，种上了大棚，比城里人收入一点都不差。女儿嫁在邻村，小两口种了三个大棚。忙不过来，请了外地农民当帮工。一个帮工一天30块钱，还要管吃。孩子们技术好，挣钱都比自己多。

植物医院里，都是周围的菜农，来看病的真不少。坐诊的张砚祥医生是高级农艺师。看准的，他当场就开药方，菜农接着就拿上药。有些吃不准的，他就用显微镜看，他这边看，墙上大彩电里也显出了病菌孢子的模样。菜农如果不明白，拿过一本厚厚的病毒图谱来一对比，什么病就一清二楚了。不一会儿工夫，老葛就给植物看完病，拿上了药。

"种大棚，经常给植物喷药抹药，种出来的菜会不会残留超标？"我问，老葛一听这话，急了："我们用的药，都是生物农药，国家批准的。肥料也是有机肥、生物肥。像尿素都一点也不能用，更别说那些违规的农药了。"

"你是个实在人，不会残留超标。可你能保证人人都像你一样吗？"我问。"俺村周围几十里，都是蔬菜大棚，好几个县的大棚都连成了片。一家用上违规的药，周围都受牵连，谁还敢来你这里收菜？这砸大伙饭碗的事，没人敢干。谁敢干，谁碰到谁揭发。哪家店卖违规药，保证人人检举揭发。所以这里根本买不到违规药。大棚里的菜，一般七八天就有人来抽样检查一次。卖菜时，村头当场就能查残留。超标的，当场就毁掉。寿光菜农业部都抽查，质量过得硬。要不我们卖菜能这么容易？这个金饭碗，谁敢敲一下，保管他家一辈子都抬不起头来。”

简单地吃过午饭，接着又干。重复、单调、枯燥、闷热、劳累。就这样在大棚里站八个多小时，也让人难受，可老葛他们是一刻不停地劳动。好不容易，太阳西下，大约四点半左右，开始盖棚。

伸一伸酸痛的腰，我与老葛告别。学了一天艺，又当了一天菜农，两天时间，我收获很大。当我再面对餐桌上的蔬菜时，我第一个反应就是“片片皆辛苦”。

当了多少年记者，当“菜农”还是第一次。晚上躺在床上，浑身酸痛睡不着。可是我脑海里却浮现出好多鲜活的题目。第一个题目就是：“八分地上的充分就业”。老葛他们这个村，近3000口人，多半种蔬菜大棚，其余的搞蔬菜运输、销售。不光自己村没有富余劳力，还从外地雇佣了不少人帮工。我国搞这样劳动密集型的农业产业，潜力无穷。第二个题目是：“发展设施农业，启动内需”。建一个百米大棚，加上卷帘机，投入3万元。很多菜农当年就收回成本。屯西村在这方面的投入估计有几千万元，2005年全村人均收入达到6200多元。农民加大投入，购买卷帘机等设备，拉动工业，农民收入增加，扩大消费，就会促进经济形成良性循环。第三个题目是：“科技下乡，还得加大力度”。老葛仅上了三年学，靠听讲座、随大溜，种起了大棚菜，在年过半百之后，过上了比较富裕的生活。同样种大棚，有的年收入一两万元，有的年收入一二十万元。差距就在科技上。靠科技解决农民致富问题，永远是最实际的途径。

法规意识有多重要

记者碰上读报认真的读者，是很幸运的，但也是会有“麻烦”的。新闻采写实践中，就常有读者对某篇报道提意见：“记者这样写报道是不懂法的表现，一个本身违法的事怎么能去加以肯定呢?”

的确，现在，懂法的人越来越多了，而记者对国家法律法规的熟悉程度，还远远跟不上时代发展对新闻工作者提出的法规素质的要求。这已成为一个不容忽视的问题。记者不懂法，带来的问题是多方面的。

首先，不适应依法治国的形势需要。改革开放以来，我们国家加快了法制建设的步伐。可以说，我国的社会主义法律体系基本框架已经基本上建立起来了。我国的法制建设步伐，在进入 21 世纪之后，进一步加快，立法质量也进一步提高。在这种情况下，作为反映现实社会生活的记者，如果对法律法规知之不多，甚至知之甚少，就会成为社会法制生活的“门外汉”，就会处处说“外行话”，写“外行报道”。新闻报道工作，要成为法制建设的推动力量，成为全国人民学法用法的宣传鼓动力量，如果记者不懂法，就无法担此重任。

其次，容易带来新闻报道纠纷，影响正常的新闻宣传工作，也会损害新闻单位的自身形象。这些年，新闻报道，尤其是涉及企业间经济纠纷的报道，不少记者多次成为“被告”。一些记者，由于不懂法，没有站到法规的立场上，而是站在了某家企业的立场上，去“帮一家，打一家”，或者“越位”去干预司法工作，这就酿成了一些“麻烦”。

第三，不利于记者从社会生活里寻找新闻报道线索和题材。新闻报道，要表扬先进，批评落后，对所有的人和事，都要有一个正确的判断，而重要的依据就是法规。什么人做了什么事，合法还是不合法，记者应该心中有数。如果记者不懂法，如何能心中有数?

记者的法规意识，是十分重要的。有了法规意识，记者不懂法的，会去努力学习法律。有了法规意识，记者懂法的，会去维护法律。有了法规意识，记者见了违法的，会去大胆批评违法行为和违法者。

记者的法规意识，实在是太重要了。有法律的武器在手，记者会觉得自已的笔触深了，境界高了。例如：1998 年 5 月 19 日新华社播发的《实亏四万七，虚赢千余万——合肥一些企业数字泡泡被戳穿》（全文附后）一文。这里，记者就是依据了相关法律条文对这种违法现象进行了披露。法律，在这里，成为了有力的武器。

附文：

实亏四万七，虚赢千余万

——合肥一些企业数字泡泡被戳穿

新华社合肥 1998 年 5 月 19 日电（记者陈先发） 年亏损 4.7 万元的合肥宏事达邮电制品厂却上报利润 1019 万元。合肥市最近对 5 个肆意虚报产值、严重违反统计法规的企业进行公开曝光并予处理。

合肥市在1997年度社会统计大检查中，抽查了250多个单位，发现统计违法行为240多起，尤其是一些企业根本没有统计法制的观念，玩起数字游戏来不着边际。宏事达邮电制品厂1996年度现价工业产值实际仅为46万元，虚报数却高达9161万元，销售收入仅为23.64万元，虚报数高达7644万元；经营亏损4.7万元，却上报赢利1019万元。合肥青年高压开关配件厂的上报报表上，1060万元的产值中竟然有1047万元是“水分”。合肥华通机械配件厂1996年度赢利仅6000元，却“吹”成利润320万元，“数字膨胀”500多倍。

一些群众气愤地说：“虚报数字是对法律的漠视、对老百姓利益的漠视，也会造成领导部门决策的偏差。”这次合肥市查处的5个统计违法案件有两起就是群众直接举报的。合肥市有关部门已决定，对这批统计违法单位通报批评、责令整改、予以重罚，并视情节追究有关领导和当事人责任。

学会“逛商场”

这篇文章，很早就想写了，但一直有个问题没想好：记者“逛商场”与普通人“逛商场”有什么不同？显然，肯定是有不同之处的。最大的不同，恐怕是目的不同。普通人“逛商场”一般是为了购物，记者“逛商场”目的是为了观察经济现象，了解消费动态，更准确地把握和反映市场变化的动向。

有的记者会说自己对逛商场没有兴趣，靠逛商场了解信息不如通过有关经济部门来得全面和准确。还有一些男性记者把逛商场看成是包袱，说偶尔陪夫人去商场是不得已的事，还常常因逛商场的事与夫人闹别扭。

作为记者，尤其是专门做经济报道工作的记者，不了解和熟悉市场是不行的。记者深入社会生活的一个很重要的方面，是深入大众的消费生活领域。商场既是社会经济发展的“窗口”，又是生产、消费水平变化的“晴雨表”、“信号灯”。在商场里，记者可以看到消费者对国内外商品的选择意向；可以看到什么商品最受欢迎，什么商品受到冷落；可以看到商品价格高低与消费者购物热情大小的变化；可以看到不同收入群体在同一档次商品面前的不同态度；可以看到工商企业之间的紧密联系，以及工商企业之间的利益协调与冲突；可以看到生产领域存在的问题和弊端等。种种“益处”足见记者“逛商场”的必要性。当然，记者也有作为普通消费者的一面，比如在逛商场时也会买些家用的东西，而买这些东西的过程也是熟悉商品性能、价格，了解市场动向的机会。“一举两得”的事，记者何乐而不为呢?

在市场经济条件下，市场的变化是很快的，企业的命运与市场的兴衰紧密相连。市场风向，甚至决定了企业的兴衰。作为记者，双脚踏进的是商场，察看到的却是国家经济发展前进的足迹，听到的是生产领域和消费领域衔接与磨合的声响。只有不停地到市场的海洋里游泳，密切关注市场的变化，才能在市场风云变幻中做到胸有成竹，掌握做好新闻报道工作的主动权。

记者当然也是普通人，有普通人的消费行为，有普通人一样的衣食住行问题。这其实就是记者观察、认识市场，发现新闻线索和报道题目的生活基础。因为从普通人的感知中，记者便能拥有与广大读者、与广大观众、与广大听众相互沟通的共鸣点。这就是记者“逛商场”最容易采写出叫座报道的重要条件。

当然，记者还是“特殊顾客”。记者逛商场，是为了“看门道”而不是“看热闹”。既然如此，从进商场大门始，记者就要悉心留意商场里的买卖氛围，关注买卖双方的一举一动，比较不同商场相同商品的前后左右，等等。记者的眼睛，记者的耳朵，记者的鼻子，在商场里都有了“特异功能”，要看到、听到、嗅到普通消费者看不到、听不到、嗅不到的一切。这就是记者的职业本能。对市场，尤其是生活资料市场，记者走近些，走进去，没有坏处。市场是经济生活的“晴雨表”、“信号灯”，这对于记者来说，难道不重要吗？提倡记者逛商场，目的是要让记者对经济生活熟悉熟悉再熟悉，对市场变化了解了解再了解，做到耳聪目明鼻灵，使记者在做经济报道时，多说“内行话”，少说“外行话”，看问题更深些，更全面些，更有眼光些。

文字功底的衡量标准

记者的文字功底，高与低，好与差，深与浅，如何来衡量？有没有什么客观的标准？这个问题很有现实性。因为在现实工作中，常出现几种情况：一是有的记者写稿子文气太重，重到让读者感到有点“弯弯绕”。二是有的记者写报道太不讲文字修辞，或前言不搭后语，或语无伦次，甚至影响到对新闻事实的正常表达。两种情况，都值得注意。这也提醒我们要考虑新闻写作中的文字功底问题。

新闻作品写作，与文学作品写作，是有区别的。依笔者所见，最大的区别，是新闻作品强调的首先是新闻事实的准确表达；其次是面对普通读者要通俗易懂；三要简洁明快。这三条，决定了对新闻作品写作基本功的要求。实际上，没有一定的文字水平，是写不好新闻报道这类文章的。但这个文字水平，又不是写文学作品那样的标准。新闻作品，说清事实是第一位，说清了事实，就算基本过关了。在说清事实的基础上，文章越耐看，语言越活泼，行文结构越合理，达到的效果就越好。

新闻的特点，要求新闻作品在放到读者面前时，是一份“快餐”。读者想在最短的时间里知道最多的事实。我们决不可忽视这一点。“快餐”是不是就可以在语言文字上“凑合”？是不是可以不讲修辞，语句不通，错字连篇？显然不行。有的记者迈入“新闻门”之前，语言文字表达的能力不高，这就需要记者在新闻采写工作中，注重自己的语言文字修养，通过实践的积累，掌握新闻写作的技巧，尤其要在汉语基本功上“补课”，不要满足于“凑合”的状况。

比起采访经验的积累，新闻写作水平的提高，可以说更难一些。从一定意义上说，新闻写作水平的提高，是个“慢功夫”。有人说，写作是在做一个字一个字的“加法”，如用砖砌墙，“跳跃”的奇迹是很难出现的。对待“慢功夫”，“急性子”是不行的。只有扎扎实实地学习提高，才能将写作水平的进步巩固下来，变成长久的财富。值得注意的一个现象，是一些文科毕业的记者，在新闻语言驾驭上，表现得有些“吃力”。这种“吃力”，不是文采不够，不是词汇不美，不是语句不通顺，而是语言表达落不到新闻事实的“点”上。相反，有一些毕业于理工专业的记者反而更善于用精练的语言表达新闻事实。比如有的年轻记者中文功底甚好，但在写报道上觉得很不顺手，总认为编辑跟自己“过不去”：明明自己下功夫写的“精彩”段落或句子，竟被无情删掉了；编辑改过之处，换上的话往往是“平平谈谈”的语言。这种苦恼，说明了问题的存在值得注意，更反衬出文笔在新闻写作上的特殊要求。新闻写作，绝不是要在文字上“玩深沉”，更不是“小儿科”，不可忽视对其规律的认识和研究。

要学会说“大白话”

记者是写新闻报道的，面对的是大众读者。记得一位行家谈到如何写散文时说，真正好的散文，自己在一间房子里读，别人在隔壁的房间听，以为是在聊天说家常话。由此，笔者想到了新闻报道的写作，想到了有的新闻报道读者看不懂、看不明白的问题。

写新闻报道，是不是写文章？的确是写文章。但这个文章是面对大众的文章，不是学术论文，不是理论研究，因而它应该是用“大白话”写成的文章，不仅事实清楚，而且浅显易懂。换句话说，是面对老百姓，用老百姓熟悉的语言讲老百姓身边的故事。

新闻报道是采访和写作的产品，一旦采访完成了，“料”备齐了，就进入了写作阶段。作为记者，这时的重要职责，就是要把新闻事实准确、快速、全面、客观地报道出去；不仅如此，还要说明白、说清楚。说明白、说清楚的标准，看起来不难，实际上也很不容易做到。我们经常听到读者的抱怨，反映一些科技或经济类报道专业性太强，专业名词太多，看不懂，读不明白。读者看不懂，读不明白，报道效果怎么能好得了？

新闻报道要说“大白话”，首先不只是写作方法问题，而是有没有为读者服务的思想问题。有千方百计为读者服务的思想，就会站在读者的角度，每写一个字，一段话，一篇报道，都会考虑读者看了会怎么样，还有没有没说清楚、没说明白的地方，读者还可能想知道什么。这个思想基础牢固了，自然就会讲究写作方法和艺术。讲究写作方法和艺术，当然是为了把稿子写好，而写好的标准中就包括了让读者看得更清楚、更明白。如果讲究写作方法和艺术的结果，是把报道写得过于文气，过于专业化，甚至给人一种“云里雾里”的感觉，让人觉得看了报道糊里糊涂，那这种讲究写作方法和艺术就变味了。实践证明，优秀的新闻工作者，往往是善于运用“大白话”写新闻的行家里手：写事，写得清楚；写人，写得生动。“大白话”中含有“大道理”。有些记者遇到专业一些的东西，就用“翻译”的方法，变换成读者听得懂、看得明白的语言。

新闻记者，最大的愿望，最高兴的事，是写出了读者喜欢的报道，是读者听得懂、看得明白的报道。报道让读者觉得像记者跟自己面对面在聊天，在交谈，那是一种什么境界？报道如果成了相互语言不通的异国他乡的人在说话，那又多么遗憾！

用“大白话”写作，是新闻记者的一个基本功。记者能把复杂的事情用简单的语言表达出来，是有功底的表现。如果把复杂的事情说复杂了，或者把简单的事情说复杂了，那记者的思想和写作水平一定是有问题的。

告别纸笔之后

现代信息社会，越来越多的记者学会了使用电脑。写稿子用电脑，发送稿子用电脑，新闻写作已开始处于无纸化操作的阶段。进入这个阶段后，人们很关心一个问题：有了电脑，记者的工作方式和工作作风会不会发生较大变化？

实际上，这种关心，是有“潜台词”的：记者可以很方便地获得许多网上信息，记者可以不到办公室而与报社领导联络得到报道指令，记者可以不用走路乘车而从千里之外的被采访单位或个人那里“调运”到有关资料，那么，在效率提高的同时，记者会不会变得不如从前勤奋了？会不会不在深入实际、深入生活、深入群众方面下功夫了？会不会“资料稿”多起来而“鲜活稿”少起来？会不会……

对这些担心，要作认真的分析。依笔者看，记者新闻写作进入电脑操作阶段，是时代进步的象征，是大好事；提高新闻工作（包括编辑的编报工作和记者的采访工作）效率，运用现代电子技术是必然选择。编辑编报和记者写稿告别笔与纸，是新闻工作的一次重要革命。在这个过程中，记者的工作方式不可能不有所变化。问题的关键，不在于工作方式的变化，而在于记者的工作作风，会不会因此而发生不利于记者深入实际、深入生活、深入群众的变化。这的确是个值得注意的问题。对大多数记者来说，虽然这种担心很可能是不必要的，但对少数记者来讲，早点作些提醒，并不是多余的事。现代的交通工具，现代的通讯装备，现代的写作手段，当这一切以人们未曾料到的速度到来的时候，过去我们一直强调的新闻记者的艰苦奋斗和深入实际、深入生活、深入群众的良好作风，的确面临着新的考验。现在已经出现了一些值得注意的现象，比如有的记者跑基层越来越少，“材料稿”越写越多，对新闻事实的核实工作认真劲儿差了，等等。这些苗头，当引起大家的高度警惕。

新闻写作告别笔与纸，不仅是“技术的飞跃”，也应该是记者素质全面提高的一次新的机遇。正确的选择是：在这个机遇面前，保持优良的工作作风，更新和补充新知识，掌握现代的高新技术，求得素质上的全面发展。需要强调的是，不能丢掉过去有用、今天有用、明天依然有用的优良作风。优良的作风，是新闻记者做好本职工作的基础。老一辈新闻工作者身上，有着许多值得年轻记者学习的地方，他们的奉献精神，勤奋努力、认真负责的工作态度，艰苦朴素、扎实深入的工作作风，很值得年轻记者学习。我们应将这些好传统发扬光大，在新的历史条件下，在新闻采访的实践中，建功立业，创造新的辉煌。

独家新闻意识

报纸上的新闻，从新闻资源的角度看，只有两种：独家新闻和非独家新闻。独家新闻是只有自己的媒体才有的报道；非独家新闻是除了自己媒体上有，别家的媒体上也有的报道。对记者来说，所写的报道也就分为两类，一类是自己抢在所有新闻单位前抓出的新闻，一类是与新闻同行同时或晚于新闻同行抓出的新闻。是否善于抓独家新闻，是衡量记者业务水平高低的一个很重要的方面。如果一个记者能够经常采写出独家新闻报道，那这个记者一定会受到称赞和重用。相反，如果一个记者一年到头写与别人同步甚至比别人还晚的新闻报道，那么，这个记者一定不会受到好评。

独家新闻对于一份报纸而言，是至关重要的。作为广大读者，选择订阅某一报纸，是因为希望通过这份报纸获取在别的报纸上不能获取的报道和信息，这就决定了报纸必须保持一定的独家新闻分量的属性。而报纸的这种属性，又要求必须拥有一支善于采写独家新闻的记者队伍。

作为一名记者，职业的惯性会推动自己向独家新闻冲刺。这里，不仅是一个记者做到了“最早”、“最先”、“最快”后的个人荣誉问题，还有一个新闻单位之间在赢得读者群和表现新闻时效性方面的激烈的竞争问题。

记者拥有强烈的独家新闻意识，是多抓和善抓独家新闻的基础。一个记者，从进入新闻门槛的那一刻起，就应该明白，新闻是一个提倡独立发现和创作的职业，合作的要领在拼抢新闻时是要有一定条件的。换言之，新闻工作是提倡个人在保证安全的前提下独自行动的。记者独立工作的能力是自己锻炼和培养出来的，困难和障碍需要自己去克服和排除。只要有了抢抓独家新闻的意识，这种工作的独立性就成为一种习惯。而独立工作的习惯，又为获取独家新闻提供了机会。记者的独家新闻意识，是在竞争的压力中形成的。一旦记者没有了这种压力，也就没有了去抢抓独家新闻的动力。现在有的新闻记者整天泡在会上，坐在办公室里，一年到头写不出一篇独家的新闻报道来，就是没有这种必要的竞争的压力。随着新闻单位之间竞争的加剧，新闻单位内部“大锅饭”体制的打破，记者会有越来越“坐不住”的感觉。这也正是独家新闻大量出现的大好时机。

记者如果拥有强烈的独家新闻意识，就会是一个非常勤奋和敏感的人。勤奋是第一位的，没有勤奋这一条，记者就不可能游进社会生活的海洋，也就不会从这浩瀚的海洋里捕获出新闻的“大鱼”来。新闻敏感，对于勤奋的新闻记者来说，是一个得力的帮手。勤奋，会使记者在贴近生活时耳聪目明，会在有价值的新闻线索面前弯下腰身，而不是擦肩而过；会使记者整天有写不尽的独家新闻报道。

留神"苗头新闻"

"苗头新闻"是个形象的说法，实际上说的是一种社会现象刚刚露出端倪，就被某个或某几个敏感的记者发现了，针对这种并没被众人发现的现象写出的新闻，可以称作"苗头新闻"。这种报道刊出后，读者往往会说："嗨，还真是这么回事呀！"

我们还是举一个例子。1998 年 5 月 16 日，《经济日报》二版刊出了一篇报道，题目是《结婚离婚为分房下赌注　真真假假只为赶搭"末班车"》。报道反映了这么一个社会现象：由于国家已宣布将取消福利性分房，许多单位的职工正在争取最后一次分房机会。单身当然不利于分房，而结了婚就不一样了，这中间，也就出现了不少人为分房而抢着结婚。不仅如此，还有为了多分一套房子搞假离婚的。因为男女双方离了婚，还都可以拥有分房资格，这与单身男女是不同的。报道在文尾写道："建国以来，我国一直实行住房实物福利分配制度。住房成了继工资之后，职工最大的福利。如今，它已完成了历史使命，货币化分房是大势所趋。在这新旧交替的节骨眼上，一些以婚姻为赌注，抢搭分房末班车的人不妨听听杨绍华教授的忠告：'婚姻大事，切莫儿戏，草率为之，恶果无穷。'"这是典型的"苗头新闻"，读者对这则报道是很关注的。

最早针对某一现象采写出“苗头新闻”者，一定是有较强的新闻敏感同时出手较快的人。这里，“慢一拍”的人是不行的。“苗头新闻”好比是汪洋大海上露出的冰山的“冰尖”，往往“大头”在“下面”。眼力好的船长，在远远的地方，就望到了冰山的“小冰尖”。而眼力不好的船长，只有当冰山的“小冰尖”到了眼前，才会有所发现。记者发现“苗头新闻”的道理也在这里。

在“苗头新闻”面前，总是有捷足先登之人，也会有落人后者。有时有的记者会说：“我也感觉到了，只是一时还拿不准，想再看一看，不料想人家先动手了。”的确，在相当多的时候，对某个社会现象的形成和出现，大家的感觉都已有了，抓得早晚快慢，也只是“一步之遥”。然而，这“一步之遥”，谁迈得过去谁迈不过去，学问不小。这里，判断是至关重要的。因为，“拿不准”的时候，选择正确的机会和错误的机会是同在的。如何判断，就要看记者的经验和水平了，有经验，水平高，只要是有价值的“苗头新闻”，就“跑不了”。当然，经验和水平不是天生的，是锻炼和培养出来的。一个有事业心的记者，会不断积累各种采写经验，会不断使自己的采写水平得到提高。比如抓“苗头新闻”，敏感是重要的，而当断则断也十分关键。经验多了，水平高了，“苗头新闻”抓准的机会也就多了。

“看到了”，还要“看得深远”

2005 年 11 月 29 日《经济日报》刊登的《经济型酒店的“蛋糕”有多大?》一文，是一篇有分量的稿子。

报道的开篇就“开门见山”地讲道：“一提到酒店，人们往往会联想到喜来登、万豪、希尔顿等这些耳熟能详的国际品牌，而提起中国的锦江之星、如家快捷经济型酒店连锁公司的名字，恐怕知道的人并不多。在上海、北京、广州等大城市，一些国内外著名的经济型酒店品牌公司正加快速度‘跑马圈地’，争食这块诱人的‘蛋糕’。”

这篇报道用了“层层递进”的思路，体现了记者透过现象看问题的深度和广度：

——讲了经济型酒店的“利”：“从投资的角度来看，目前经济型酒店的投资回报率能达到20%左右”；

——讲了利益驱动下的“业态状况”：“这种巨大的市场潜力已使国内经济型酒店市场燃起硝烟。眼下，一大批国内外的品牌经济型酒店正加快‘圈地’、‘圈楼’的速度，市场竞争异常激烈”；

——讲了“内”：“作为国内第一家经济型酒店的品牌，‘锦江之星’隶属于锦江集团旗下，锦江之星的乐园店 1997 年在上海开业。截至 2005 年 3 月底，锦江之星已在全国开出了 80

家连锁店。计划 2006 年达到 200 家规模，2010 年将达到 400 ~ 500 家规模。与此同时，另一家国内本土品牌经济型酒店‘如家快捷’声名日隆。2002 年该连锁酒店由北京首旅集团和携程旅行服务公司共同组建，发展速度惊人。截至 2005 年 7 月，‘如家快捷’已在全国拥有 72 家门店。预计到 2008 年之前将达到 200 家店的目标”；

——讲了“外”：“近年来，‘速 8’等众多酒店品牌已先后进入各地，并加快扩张的速度。自称世界最大经济型连锁酒店集团的美国品牌‘速 8’，在 2004 年 4 月进入中国市场，到年底时已开了 6 家店，2005 年将开 24 家。另一家国际著名的经济型酒店品牌——法国雅高集团旗下的宜必思酒店于 2004 年进入中国，目前已在国内建立了 30 家，计划 2008 年之前，在中国建立 50 家宜必思品牌酒店”；

——讲了“内”与“外”的结合中的经济型酒店的发展前景：“国内旅游专家戴斌对记者说，从市场需求方面来看，‘十一五’期间中国的入境旅游市场将保持 8% ~9% 的增长率，而国内旅游也将以 5% ~6% 的速度呈现出‘大基数、稳增长’的态势。就经济型饭店的市场需求而言，后者对这一新型业态的推动将更为直接。同时，商务旅行、自驾车旅行、自助旅游等市场的发展也将为经济型饭店提供最为稳定的市场基础。因此，中国的经济型饭店将有着广阔的市场发展空间”。

这篇报道的“落脚点”，是对有关部门和企业的一些必要的提醒：“尽快打造标准的经济型酒店”；“我国不缺乏经济型价格的饭店，而是缺少经济型标准的饭店”；“品牌化经营将是大势所趋”；“面对汹涌而来的外资品牌的进入，本土企业要想从容应对，必须加快打造属于自己的龙头品牌”；“我国应尽快出台经济型酒店的标准，规范行业发展”；“对于跃跃欲试的投资者，有专家提醒，应理性看待市场发展趋势，正确估计市场赢利能力，避免盲目跟风带来的风险。”

作为记者，对经济社会现象，“看到了”是好，“看得深远”更好。

附文：

经济型酒店的“蛋糕”有多大？

（艾芳　2005年11月29日　《经济日报》第16版）

一提到酒店，人们往往会联想到喜来登、万豪、希尔顿等这些耳熟能详的国际品牌，而提起中国的锦江之星、如家快捷经济型酒店连锁公司的名字，恐怕知道的人并不多。在上海、北京、广州等大城市，一些国内外著名的经济型酒店品牌公司正加快速度“跑马圈地”，争食这块诱人的“蛋糕”。

经济型酒店的概念起源于上世纪80年代的美国，近几年才在中国蓬勃兴起。所谓经济型酒店就是经济、简约、规模小，设施相对简单，注重功能性，减免大型辅助设施，投入运营成本大幅降低，力求在提供的核心服务“住宿和早餐”上精益求精。

近年来，我国经济型酒店发展迅猛，国内一些本土品牌的经济型酒店异军突起，取得了令人刮目相看的业绩，由此触动了一些投资者的神经，引来了社会的特别关注。

中外品牌加快市场开拓空间

从投资的角度来看，目前经济型酒店的投资回报率能达到20%左右，这种巨大的市场潜力已使国内经济型酒店市场燃起硝烟。眼下，一大批国内外的品牌经济型酒店正加快“圈地”、“圈楼”的速度，市场竞争异常激烈。

作为国内第一家经济型酒店的品牌，“锦江之星”隶属于锦江集团旗下，锦江之星的乐园店1997年在上海开业。截至2005年3月底，锦江之星已在全国开出了80家连锁店。计划2006年达到200家规模，2010年将达到400~500家规模。

与此同时，另一家国内本土品牌经济型酒店“如家快捷”声名日隆。2002年该连锁酒店由北京首旅集团和携程旅行服务公司共同组建，发展速度惊人。截至2005年7月，“如家快捷”已在全国拥有72家门店。预计到2008年之前将达到200家店的目标。

近年来，“速8”等众多酒店品牌已先后进入各地，并加快扩张的速度。自称世界最大经济型连锁酒店集团的美国品牌“速8”，在2004年4月进入中国市场，到年底时已开了6家店，2005年将开24家。

另一家国际著名的经济型酒店品牌———法国雅高集团旗下的宜必思酒店于2004年进入中国，目前已在国内建立了30家，计划2008年之前，在中国建立50家宜必思品牌酒店。

未来我国经济型酒店发展前景如何?

国内旅游专家戴斌对记者说，从市场需求方面来看，“十一五”期间中国的入境旅游市场将保持8%~9%的增长率，而国内旅游也将以5%~6%的速度呈现出“大基数、稳增长”的态势。就经济型饭店的市场需求而言，后者对这一新型业态的推动将更为直接。同时，商务旅行、自驾车旅行、自助旅游等市场的发展也将为经济型饭店提供最为稳定的市场基础。因此，中国的经济型饭店将有着广阔的市场发展空间。

尽快打造标准的经济型酒店

中国社会科学院旅游研究中心研究员魏小安认为，经济型饭店并不只是对低星级饭店和社会旅馆的简单价格调整而已，它对中国饭店行业而言是一种全新的综合业态。我国不缺乏经济型价格的饭店，而是缺少经济型标准的饭店。有专家预测，2008年北京奥运会和2010年上海世博会将是经济型酒店发展的黄金时期。前不久，北京市旅游局局长于长江曾表示，为了留住奥运期间在北京逗留的50多万国内客人，将对目前北京市4000多家非星级酒店和社会旅馆进行改造，其中也有一些经济型酒店，预计在2007年完成。改造完毕之后，目前服务质量良莠不齐的社会旅馆将成为干净、整洁、安全、舒适的住所，并且配备专门的外语人才接待外宾。

据了解，2005年8月31日，上海召开了社会旅馆规范服务达标动员大会，上海市旅委宣布，“为迎接2010年世博盛会，将全面提升上海社会旅馆服务质量”，从而进一步引爆了经济型酒店所带来的巨大商机。据悉，未来经济型品牌连锁酒店将从现在的不到200家增加到1000家。

上海有关人士表示，2004年来沪旅游的游客人数达到8600万人次，遍布上海19个区县大街小巷的3000多家社会旅馆接待了其中67%的游客。但这些社会旅馆具有量大体小的特点，而且经营规模参差不齐，服务也不规范。此次活动将推动上海所有的社会旅馆的管理和服务上一个新台阶，从而全面提升服务质量。

品牌化经营将是大势所趋

如今，面对汹涌而来的外资品牌的进入，本土企业要想从容应对，必须加快打造属于自己的龙头品牌。

一位业内专家认为，目前美国的经济型酒店品牌达150家之多，品牌代表着标准，包括数量、质量、价格方面的标准。而北京市包括社会旅馆在内的经济型酒店虽有4000多家，但纳入品牌管理的只有如家快捷、锦江之星等30多家，仅占总数的1%，这与发达国家的20%～30%还有很大的距离。

从整个行业来看，尽管近年来我国经济型酒店发展很快，但由于起步相对较晚，目前经济型酒店的市场份额尚不足10%。目前国内真正称得上是经济型酒店的尚不多，一个重要原因是此类酒店管理经验不足，同时缺乏品牌效应，解决这一问题的最好办法就是采取连锁和特许经营模式，这也是国内外经济型酒店的发展的成功模式。因为经济型酒店规模小、财力有限，发展连锁和特许店可使酒店品牌、客源、管理质量均能有所保证。“连锁”和“品牌”是经济型酒店成功的两个要素，前者可以使企业做大规模，通过统一采购、统一订房降低成本，提升出租率；后者可以提高企业知名度，增加客源，提高竞争力。

有关专家认为，本土经济型酒店品牌化管理不足的背后，是概念的模糊和行业标准的缺失。什么是经济型酒店？什么样的收费才算“经济型”？至今还没有人能给出一个划分的标准。于是，在“经济型”的热浪中，一些经营欠佳的一、二星级酒店只需挂上一块“经济型”的招牌，就自诩为经济型酒店滥竽充数，这种现象长期发展下去，将严重阻碍这个行业的发展。因此，我国应尽快出台经济型酒店的标准，规范行业发展。

对于跃跃欲试的投资者，有专家提醒，应理性看待市场发展趋势，正确估计市场赢利能力，避免盲目跟风带来的风险。

当你成为“当事人”的时候

通常的情况，记者是作为“局外人”的身份出现的，是以客观的眼光观察他人的社会生活，以“旁观者”的笔调描写出自己看到的一切。但是，现实工作中，还存在着另一种情况：记者成了“当事人”。记者不是在“局外”而是在“局内”，记者不是“观众”而是“演员”。

那么，什么时候出现这种情况呢？一般说，是当记者作为普通人在社会上活动，如购物、乘车、吃饭、逛街、游玩、看病，等等，在这个时间段，记者并没有打算要采写新闻报道，但无意间自己“陷进”了“新闻体验”之中，不得不把自己写进了新闻报道中。这个时候，自己实际上处于一种“忘我”的工作状态，这时的“自己”已不是“自己”，而是代表了广大的群众（广大的顾客、乘客、游客、患者，等等）的利益，记者体会到的正是广大群众的生活。例如，1998 年 5 月 10 日新华社播发了记者汪洪洋采写的报道《警惕南京路上的“伪发票”》。文中写道：“‘五一’前夕，记者一家到南京路小有名气的上海置地广场商厦，为儿子买了一双旅游鞋。不料，‘五一’节一穿，100 元的鞋当天就脱胶‘穿帮’。拿回商厦去问，商厦说‘拿发票来！’待找出‘发票’，才知当时付账的妻子浑然不觉地收下了一张‘上海置地广场商厦结算凭证’，下面居然还有说明：‘此单仅用于商厦内部流转，对外不作报销凭证’。”这篇报道，由记者自己的“家事”，追出了一篇鲜活的报道，提出了一个警惕“伪发票”的问题，批评了这种既害国又误民的违法现象，维护了广大消费者的合法权益。

现实生活中，记者成为“当事人”，可以说是经常出现的事。但记者真正成为新闻的“当事人”，却不算多。这里，有多种原因。其中之一，是不少记者考虑到自己的“身份”，怕有“以权谋私”的嫌疑。这样的顾虑，实在是不必要的。记者把自己写进新闻的时候，是对新闻事实体验最深的时候，这时的真实感也是最强的，让读者感到是最直接的，可信度也是最高的。记者为避嫌疑而放弃这个机会，是很可惜的。正确的选择，是牢记记者职责，时刻把自己放在新闻工作的一线，而不是有时“在岗”有时“离岗”。记者在无意采写新闻的时候，发现和感受到的新闻，往往是读者爱看的，是贴近读者的，是不可错过的新闻。

新闻记者，植根于社会，服务于社会，奉献于社会。这就要求记者时刻有忘我的思想境界。记者碰到了新闻，不论何时何地何种情况，都不应当放过采写机会。当然，对记者利用职业“谋私”也是不允许的。在庞大的新闻队伍中，出现个别“例外”，是很可能的。社会对新闻工作者，亦要有一套有效的监督机制。但是，就大多数记者而言，在大多数情况下，记者的公正性、客观性是不容怀疑的。公众对记者在公正性、客观性方面的依赖和信任，使记者有充分的理由挺身而出，不论何时何地何种情况下，都当义无反顾。

要学会控制“情绪”

1985 年夏天，《经济日报》曾批评一家出租车公司有关人员的服务态度问题。报道见报后，有关当事人找到记者，蛮不讲理地到报社记者办公室大吵大闹，一度让记者感到很头疼。虽然记者也有些生气，但是，记者还是耐心地做当事人的思想工作，直到当事人想通为止。正因为如此，报道得以顺利进行。

这是一个记者克制自己情绪做好报道工作的成功例子。

当记者的，也是普通人，有普通人一样的情感，普通人一样的喜怒哀乐。不仅如此，记者还因职业特点，情感会更加丰富，是非会更加分明。在采访工作中，记者有时碰到不讲理的人，碰到让人愤慨的事，自然会生气。生气的时候，会有两种情况：一是应报报道因情绪变化受到较大影响，会带着气“上场”，要么报道因情绪而出现偏差（尤其是对当事人或单位），要么该做的报道因一时情绪放弃了。二是应报报道没因情绪变化受影响。虽然记者心里有气，但仍坚持实事求是，一是一，二是二，该写什么写什么，该怎么报道怎么报道，将自己的情绪与新闻报道工作分开了。

记者在新闻采访过程中，常会遇到可气的事。有的时候，记者正常的采访工作会被人阻拦和干扰，甚至记者被辱被打；有时候有关当事人或部门会故意提供假证；有时候有人会对记者的客观报道说三道四，作诋毁性评价；等等。这些情况，对做记者工作的来讲，应有思想准备。记者这个职业，决定了记者的工作是面对大千世界，面对五颜六色的社会，如果一切是顺顺利利，随心所愿，那也就体现不出记者职业的不凡了。记者的工作，是有自己的职业原则的，这个原则就是客观公正，实事求是。这个原则，不能因权势金钱而改变，也不能因记者的情绪变化而改变。对前一点，大家是有共识的。但对情绪对报道的非正常影响问题，有的同行还重视不够。这种重视不够，时常对报道工作产生不良影响。比如，有时记者的工作因情绪“越位”，使报道火候“升级”，本来要说一分，可是说了二分。“越位”的后果，是带来新的麻烦，也影响新闻记者的职业形象。既然做了记者这一行，那就是说已经把自己与新闻事业结合在一起了，这时的自己已不是从前的自己，情绪不能带进新闻工作。怎么办？学会控制自己的情绪，力争将情绪置于新闻报道之外。实际上，做到做好这一点，是相当不容易的。但是，作为一个目标，我们还是要提出来，还是要去努力做到。

要善于积累“失败教训”

作为记者，在报道实践中不仅能享受到成功的喜悦，会听到种种赞誉之声，拥有得意的新闻作品；还会品尝到失败的苦涩，有的报道会惹来意想不到的麻烦，有的报道刊出后会被大家公认为不怎么样。

可以说，几乎每个记者都有这两种经历，即成功的经历和失败的经历。但不同的人，对待这两种经历的处理方法是有差别的。换句话说，从中体会和收获的东西是不一样的。有的人只注意体会和收获成功的经验；有的人侧重体会和收获失败的教训；有的人两方面的体会和收获作了兼顾；有的人则过一事忘一事，从不进行反思和总结。几种情况，都是存在的。

从实际情况看，就总结成功经验和积累失败教训两方面来说，人们往往容易做到前者而忽视后者。一篇好的新闻作品刊出后，自己体会和总结是有可能的，更多的是别人会出来做鼓励性评论，甚至有人会写出文章分析作品成功的“一二三”来。但是，当一篇写得较差的报道刊出后，记者自己来查找不足的可能性有，而让别人像评价好稿子那样踊跃地站出来说批评的话，就要难得多了。一般来说，在社会上，人们由于情面原因，说“好话”容易说“坏话”难。

一个记者要听到赞誉比听到批评容易。这种情况下，记者自己就要“头脑清醒”，就要善于对自己的新闻作品“横挑鼻子竖挑眼”，不断查找不足，发现可以引以为戒的东西，从而使自己今后长久受益。

寻找和积累“失败教训”，会遇到主客观两种因素如何分析的问题。客观因素一定是有的。但记者应该在主观原因分析上多下功夫。客观环境和条件是不断变化的，有时是个人无法预料、改变及回避的，而个人可以决定和调控的，是自己的主观努力。一篇新闻报道没有做好，主观上的失误有几种，如采访不够深入扎实，事实上有缺陷；如写作方法有问题，表述中有不当之处；等等。这些不足，真正找到了，从思想深处感悟出来了，变成一种刻骨铭心的认识，是非常珍贵的财富。某种意义上说，这要比听到一大堆“好话”重要得多。

还有，就是大家要善于相互交流，不仅是交流成功的经验，还要交流失败的教训。同行们在同样的地方跌跟头，是件遗憾的事。要想让每个人的经验和教训变成大家的共同财富，办法就是开展交流。而开展交流的关键，是大家要造就一个浓厚的业务探讨氛围，自己总结是一个路子，别人帮着总结也是个路子，“自知之明”和“旁观者清”结合起来，是非常有意义的。有的人害怕批评，其实，“旁观者清”的效果，往往要比“自知之明”好。一定的批评和研讨氛围，对大家提高新闻业务来说，是很有利的。

“发现”的基本功

老舍在《人物的描写》一文中写道：“创作的中心是人物。凭空给世界增加了几个不朽的人物，如黛玉、武松等，才叫作创作”。老舍先生讲的，是文学上的创作。

新闻人物采写，与作家笔下人物创作，有相同之处，也有不相同的地方。作家是“凭空”给世界“增加”了几个“不朽的人物”，而记者是要“凭实”让世界“发现”几个“不朽人物”的存在。这样来分析，是不难看出二者差别的。共同的地方在哪里呢？作家也好，记者也罢，创作和采写都离不开火热的现实生活。

就新闻人物采写而言，第一位的，当然是能否“发现”人物。

“发现”的重要性是不容忽视的。许多人，在报道之前，往往是默默无闻的平常人。一旦“公开”，见了报，上了电视、广播，一夜之间便会家喻户晓，成为新闻人物。

新闻人物原本生活在普通人之间，不论报道与否，他（她）都存在着或存在过。报道与否，能够决定的只是别人知道不知道。这里，从众人中“找”到他（她），并衡量出他（她）的新闻报道价值，是最不容易的事。“发现”的过程，有时是瞬间的事情，有时需要用相当长的时间，“发现”有时还是偶然的。

新闻人物进入记者的视线，会有多种可能。一种是记者“听”来的，听别人讲起某某人，一下子感兴趣了；另一种是记者亲自“看”到的，面对面接触，马上被对方吸引住了；还有一种是记者从材料堆里“找”到的，一些非“第一手”的资料提供了某某人的“蛛丝马迹”，且能很快引起注意。

不论哪种可能，前提都是一样的：记者“走近”或“走进”了新闻人物的“生活圈”，能让记者听到人们对他（她）的议论，能让记者看到他（她）的举动，能让记者得到他（她）的讯息。这就是说，记者必须深入生活才能“发现”新闻人物。

真正的新闻人物，“刚一露面”是最吸引人的。新闻人物身上以后又发生的引人注目的事情，则是新闻人物的“增值效应”。作为记者，最为值得自豪的，是有幸“最早”报道新闻人物。“最早”这两个字，要求记者要“先人一步”到达新闻人物的“生活圈”，并具有强烈的新闻意识，这就是耳聪目明。

记者远离火热的现实生活，是很危险的。最麻烦的，是不能“发现”新闻和新闻人物。“发现”的基本功，说到底是深入实际、深入生活、深入群众。只要做到了这些，就会“发现”有价值的新闻和新闻人物。

新闻人物，在现实生活的激流里。记者，只有进入这激流之中，才能与他们相遇、相识，才能“发现”闪光的“金子”。

记者的“编辑观点”

一个记者完成了采访，写出了稿子，下一道“工序”就是编辑的事了。这时候，记者会有两种心态：一种情况是反正我的任务完成了，用不用，怎么用，早用晚用，是编辑的事了。另一种情况是怀着不安的心情，不知道编辑会如何处理，期待着早点听到有关稿子的消息。

在记者和读者之间的，是编辑。不论对记者，还是对读者，编辑的工作都至关重要。对记者来说，下了很大功夫采写出的报道，在编辑手里能不能顺利过关，直接涉及到自己的劳动成果能否在版面上得到体现。作为读者，能不能看到有关的报道，编辑是说了算的。换句话说，水平高的编辑会让高质量的新闻作品顺利通过，会把质量不高的新闻作品挡在外面；水平低的编辑会把质量高的新闻作品挡在外面，而让质量低的新闻作品顺利通过。

在编辑眼里，对记者发来的稿子会有几种判断：很精彩，不用“大动”就可以了；比较好，还要作些“小修小改”；不够理想，“不下功夫修改用不了”；太差了，“改也没法用”。这四种情况，在实际工作中都是很正常的。编辑的工作，就是“扶优限劣”，保证报道质量。那么，记者面对这四种情况，就需要理解编辑，尤其是在编辑对稿子改动较大或作出了不用决定的时候，更要保持平常心态。

记者与编辑之间，应该有一个良好顺畅的沟通渠道。不少记者善于经常与编辑保持“热线联系”。这种来往，有利于信息交流，记者知道自己的报道存在什么问题，懂得如何补充修改；编辑知道记者采写的一些背景情况，有助于掂出稿件的分量。最要紧的，是不误事，有益于提高报道质量。

“出色的记者背后，一定有出色的编辑。”这句话告诉人们：没有编辑“幕后”卓有成效的劳动，就没有记者“台前”成功的“亮相”。

一位电影演员在她的编导的指导下，前些年连连获得成功。后来，她离开了原来的编导。从此，演出的角色被公认不如从前。有人评论说：她原来的编导了解她的长处和短处，善于将她的短处“包装”起来，从而使她的长处格外突出。这既是她昨日辉煌的原因，也是如今表现平平的缘由。

由演员演戏，想到了新闻工作。新闻工作中，采和编是一个生产过程的两个阶段。记者写好了稿子之后，事情并没有完结，编辑的工作又开始了。在许多情况下，编辑工作还须在记者采访之前开始：编辑将报道意图、要求告诉记者，提前“订货”。

那么，幕后的编辑为记者做了什么呢？

第一，熟悉记者的特长，知道什么样的内容适合记者去做，什么样的报道方式适合记者的专长，要帮助记者谋划成功的路子。比如有的记者文笔好，善于写通讯，那就“好钢用在刀刃上”，将重要的通讯写作题目交给他。有的记者新闻敏感强，笔头快，那就把快节奏的消息报道任务交给他。总之，做到“扬长避短”。

第二，把记者所写的报道当成一块“布料”，合理进行“剪裁”。这中间，要进行必要的“修补”、“手术”，从而最终加工出“成品”来。

第三，使“成品”通过恰当的“渠道”（版面、节目频道）与读者、听众、观众见面，以最佳的刊出、播出方式，实现最佳的阅读、收听、收视效果。

编辑为记者做的事情很多。上述三点，足见编辑作用之大了。

编辑是谁？一定意义上讲，如同“编导”下功夫为演员“包装”一样，编辑也是“包装师”。任何一篇记者采写的报道，不经过编辑的“包装”过程而直接“登台亮相”是不可思议的。

编辑作为“包装师”，要将记者的作品进行认真细致的推敲、打磨、修改，使其达到“成品”水平。这种“去粗取精”，掩去的是作品的“缺陷”和“不足”，显露的是夺目的“优点”和“精华”。

“没有编辑的劳动，就不会有记者的成功。”这句话虽然说得绝对了些，但确有其深刻道理。所有的记者都要懂得尊重编辑，知晓编辑所付出的辛劳。只有这样，记者才会知道编辑为自己做了什么，才能虚心学习，不断进步。

有经验的编辑常对年轻记者说：记者写报道，要有“编辑观点”。

这么对记者“劝说”，也许一些记者会产生一种误会：记者是写稿子的，编辑是编稿子的，为什么要记者向编辑“靠拢”？记者有了“编辑观点”，那编辑要有什么观点？

作为一种业务探讨，考虑一下记者为什么需要有一种“编辑观点”问题，是十分必要和有现实意义的。

记者的主要职责是写稿，编辑的主要职责是编稿，这种分工，是毋庸置疑的。分工的最大好处，是都可以一心一意地把其中一方面的工作做好、做精、做细，实现一种专业职责的“到位”。但是，细想起来，记者和编辑之间，还有着一种无法分离的天然业务关系：记者写了稿子，必须经过编辑的劳动，与读者见面。在这里，编辑是一座桥，没有这座桥，记者与读者之间永远无法沟通。

记者的工作重要，好比“买菜的”把菜用“篮子”拎回来。编辑呢，好比“炒菜”的，能够把菜炒出色香味美的菜肴来。从工序上讲，记者在“上道”，编辑在“下道”。这就是两者之间的特殊关系。

提出让记者有点“编辑观点”，为什么？

分析起来，原因有三。

其一，记者看问题，注意力往往在被采访、报道对象身上，而时常不注意读者一方的情况。编辑则不同，要注意两方面的情况，一方是记者，一方是读者，因为编辑是桥梁，看问题比较全面。

其二，编辑对版面情况心中有数，知道缺什么、多什么、要什么，而记者往往对版面情况比较陌生，有一种“距离感”。“买菜”的，目的是为了让“菜”变到“饭桌”上。“买菜”时，不考虑“炒菜”人的需要是不行的。

其三，做编辑时间长了，稿子看得多了，经验也多了，什么样的事情需要用什么体裁进行报道，什么样的报道需要写多长表达，等等，编辑往往有阅历上的积累。这种积累后形成的观点，如果能部分地被记者合理吸收，也是十分有益的。

记者拥有“编辑观点”，实际上是多一个角度看问题。这样做的结果，会使记者抓报道、写报道的“命中率”更高，劳动成果更好地在版面上得到体现，使稿件的“供”与版面的

“需”之间联系得更密切。

记者的“编辑观点”，还要体现在“事后对照”上。

什么叫“事后对照”？就是记者稿件刊用后对一对编辑在哪些地方做了改动，研究人家为什么这样改，以从中吸取经验，查找不足。

事实上，新闻工作还需要讲问题的另外一面：编辑也要有点“记者观点”。编辑拥有一定的“记者观点”，有益于了解、理解、体谅记者的甘苦，更好地保证记者的采写工作。这也是一种多角度“效益”。

“换位思考”，这句话听起来不新鲜了。但是，平时我们真正“换位思考”的事情又太少了。记者和编辑，都有“换位思考”的必要，尤其是当记者的，更要在“换位思考”上先走一步。

缘何“走四方”

许多人羡慕记者这个职业，原因之一是认为记者可以“走遍天下”。的确，记者的职业特点，决定了记者必须四海为家，从而见多识广。有人这么说：“记者的脚不是记者自己的，记者的耳朵不是记者自己的，记者的眼睛也不是记者自己的，都是属于大家的，记者不去走，不去听，不去看，我们大家怎么知道天底下那么多的新闻?”这话还真有道理。

做记者是要有所牺牲的，最大的牺牲，恐怕是失去平常人正常的家庭生活，比如节假日要出门采访，比如晚上要加班写稿，比如要经常到外地出差，等等。这一切，都是一种牺牲。这中间，还不说路途的危险，还不说种种意外，还不说风里来雨里去……所以如此，都是一个原因：记者必须要完成新闻报道任务。总之，记者的这种职业的牺牲需要，决定了记者一定是走南闯北的人。

既然记者“走四方”是工作的需要，那么为什么总有一些记者走不出去呢？如果将出差经费和客观条件局限这类因素排除，那么，剩下的主要原因恐怕就是缺乏必要的牺牲精神了。记者这个职业，是为人民大众服务的，人民大众尚没走到的地方，记者应该走到；人民大众尚没听到的声音，记者应该听到；人民大众尚没看到的事情，记者应该看到。这里，脚“走起来”

是基础，只有有了这个基础，记者的听觉和视觉才能好。如果记者也想过平常人的安定而规律的生活，那真是不可思议的事情。现实中有的记者由于缺乏必要的牺牲精神，常年走不出去，对新闻的听觉和视觉很弱，所以也就写不出优秀的新闻作品。

是不是记者做到了“走四方”就一定能够写出优秀的新闻作品？不一定。记者“走四方”只是记者采写新闻报道的基础，通过“走四方”，记者有条件听到看到一些“坐着”时听不到看不到的东西。但是不是任何一个记者都能将听到看到的东西用最佳的报道反映出去呢？有时不是这样的。通常的情形是，一部分记者在“走四方”之后获得了预想的效果，而一部分记者在“走四方”之后依然两手空空或收获甚少。这里，还有个如何在“走四方”中做好新闻报道的业务水平问题。水平问题，往往又是个方法问题。“走四方”，使自己腿变长了，在更大的地域里，在更多的人群中，不仅可以听到看到更多的新鲜的人与事，还有了将不同人与事（包括社会现象、社会问题）进行比较的机会。通过比较，又可以发现差别，找到不同的特点。这又是一种收获。但是，对这种差别或特点，有的记者很是敏感，有的记者却敏感不够。记者敏感程度的不同，又决定了记者在新闻报道火候和力度把握上的差别。记者“走四方”，走马观花是一种走法，脚踏实地又是一种走法。有经验的记者，会在“走四方”中眼观六路，耳听八方，一切有价值的新闻都不会从耳边从眼底从手中逃过去。

记者感悟六则

（一）编辑如师

刚到报社工作，自己有点蒙头转向。我写的第一篇消息稿，就被一位老编辑“枪毙”了。老编辑的批语是：“找不到导语”。拿着被“枪毙”的稿子，我请教老编辑：“什么叫导语?”老编辑愣了一下，然后说：“这你都不知道?”我点了点头，说自己大学学的是经济专业，对新闻完全不懂，这是第一次写新闻稿。老编辑和蔼地笑了：“那就从头学吧！其实，也不难，多跑多看多练就行了。多跑，就是要勤于深入社会生活；多看，就是观察别人是怎么干的，是怎么写的，注意学习他人之长；多练，就是抓住一切实践机会，脑不能闲，手不能闲，熟中生巧。”这三个“多”，让我牢记不忘。从那一天“零起步”，一晃许多年过去了，报社历任领导的信任与培养，许多有经验的老编辑的言传身教，使我们年轻人拥有了良好的成长环境，也得到了许多的锻炼机会。在这个过程中，也使我们年轻记者更多地了解了编辑的甘苦，感悟了编辑的不凡和伟大。

记得范敬宜同志在《经济日报》担任总编辑时，他为人谦和诚恳，十分重视新闻采写人才的培养。他常说的一句话是：“人不能求全，求全天下无可用之人才；文不能求同，求同天下无可读之文章。”范总改我们的稿子，有三个特点：一是细致，不放过任何语病和差错，连用得不恰当的标点都要改正过来；二是尽量保留作者的写作风格，鼓励大家在写作上的创新；三是一般会在稿子留白处写一段“评语”，多是鼓励的话。每当拿到范总看过的稿子，我都迫不及待地看看改过的地方，尤其是“评语”是怎么写的，细心品味。记得有一次，我在一篇通讯中引用了一句古诗，十几个字中错了两个。看到范总发现并改过的笔迹，顿觉耳热，后悔自己太粗心。

在新闻界，无名的英雄比有名的英雄多。这无名英雄中，有经营管理和行政后勤人员，还有文字编辑、版面编辑和检校人员。作为记者，要与编辑直接打交道，对编辑的工作更为熟知。报纸编辑的工作，一边连着记者，一边连着读者，起着重要的桥梁作用。读者看到的是不是“新闻精品”，记者的采写水平固然重要，但编辑水平的高低也起关键作用。优秀的编辑不仅能筛去“沙金”中的“沙子”，留下“金子”，还能把“金子”擦亮，使之“生辉”。当人们表扬一个记者的时候，当人们夸赞一篇见了报的新闻作品的时候，千万不能忘记了编辑的培养扶植之功和打磨加工之劳。作为记者，不论取得了什么成绩，都应记住编辑的万般辛劳和无私奉献。如果说影视界演艺明星背后一定有出色的导演，那毫无疑问，在优秀的记者身后一定有优秀的编辑。群星固然璀璨，镶嵌群星的蓝天更为广博和宽阔。正是无垠的长空，给了群星闪烁光芒的舞台。

我时常想起一位已经退休的老编辑。那一天，办完退休手续的他，与我们握手言别。他说：“这把藤椅你们接着用吧，破是破了点，可坐久了，离开它还真有点舍不得。”我把目光投向了这把过去不曾留意的藤椅，看见坐面上有一个深陷的凹坑。我的心头一阵发热，一时说不出话来。如果要问这位老编辑一生写了多少自己署名的文章，他是数得出来的。如果要问这一生他修改过多少篇新闻稿，有多少万字，他恐怕说不出来，别人也算不清楚。而只有这把凹陷的藤椅，才知道已往岁月里凝结的一切的分量！

编辑如师。

（二）脚“深”方能文不“浅”

在记者生涯中，有一件事在我心中留下了深深的烙印。

有一年的夏天，我采写了关于一位村支书的报道，讲的是他竞职上任后带领群众致富的事迹。为了了解更多的情况，我在村里住了一夜，与几位村干部聊天。我以为这就够“深入”了。报道见报几天后，有位当地的知情人给我打了一个电话，电话中说：“你写的报道内容没什么出入，可这只是他这个人的一个层面，也就是好的一面。你知不知道，这位村支书前不久为家里人的事与人打架，差一点就‘进去’了？”我说：“真的不知道，这个典型是乡领导推荐的，村里的干部介绍的都是正面的素材。”这位知情人叹了口气说：“这也不能怪你们当记者的，你们那么忙，怎么也不如本地人情况熟呀！不过，你要是能在村民中多走走问问，报道肯定能客观了，话就不会说满了。这个人，优点很多，可也有明显的缺点。”

放下电话，我想了很久：深入生活这一基本功，自己还差得远呢！多年来，无数酸甜苦辣的体验里，这件事我永难忘怀。在内疚和自责中，我“悟”出：与许多年前相比，如今记者的工作条件，如交通方面，通讯方面，采访装备方面，信息渠道方面，的确是强多了。但在优越的条件下，新闻工作者深入社会生活和发现发掘新闻的基本功不能弱化。现在不少地方都在提高“接待水平”，这种“提高”，对新闻工作者来说未必是一种好事。我想到了孔子。在一个动荡的年代里，孔子坐着牛车，过着颠沛流离的生活。就在那样一种生活里，碰撞出了《论语》这部著作里的一簇簇思想火花。孔子在牛车上所谈论的话，被弟子们记下来，能够流传千古，其中还有很多东西大家还没有完全理解。那时的物质条件如何？当时的物质条件和现在的物质条件能比吗？可以说有天壤之别。但是，孔子对生活之悟之思之想之见，千百年来，影响着中国人的思想行为。

新闻界老前辈谈新闻工作的体会，我印象最深的有四句名言：穆青同志说：在生活中，并不缺少新闻，缺少的只是发现。安岗同志说：脚板底下出新闻。范敬宜同志说：陌生地方新闻多。南振中同志说：采访不仅是记者的工作，而且是记者的生活。

这四句话，看似简短，实则深刻，是新闻采写经验的高度凝炼。分析历来的新闻名篇佳作，成功的原因皆可在其中寻得。

脚板底下是什么？是泥是土。泥土者何？百木秀气之本，百花香气之源。万木千草，浓绿厚荫，姹紫嫣红，无泥无土，如何来？营养在泥土里，记者“深”不下去，新闻作品也就没有了“活力”和“魅力”。记者不深入基层，不知大众所需所求、喜怒哀乐，如何能写出动人心弦的好作品？

新闻的发现，需要勤奋，需要实践，需要敏锐，也需要智慧。丰富的现实生活，如山川江海，善发现者，能探得宝藏；不善发现者，入宝山而常空手归。

陌生的地方，不是不出新闻的地方。王安石的《游褒禅山记》中有：“夫夷以近，则游者众；险以远，则至者少。而世之奇伟瑰怪非常之观，常在于险远，而人之所罕至焉。”常人不去处，万宝待人识。对新闻记者而言，“人之所罕至”的地方，往往有“非常之观”。

新闻是一门学问。这门学问的课堂在现实生活里。整天坐在舒适的办公室里，记者是得不到磨炼的，也是难以成才的。优秀的新闻作品，不会产生在被采访单位打印好的“材料堆”里。

物质条件的改善，应该是做好新闻工作的助力。而过于看重物质条件，甚至被物质条件牵着鼻子走，这助力就变质了，就变成了阻力。有了这样的阻力，人如何快跑前行？

“抱薪趋火，燥者先燃；平地注水，湿者先濡。”这里讲的是“外因”与“内因”的相互作用关系。作为新闻工作者，外在条件的变化是不容忽视的，但最关键的，是自己的事业心和价值观。人生的价值，不在于从“外物”中吸取了什么营养，而在于吸取了营养后开了什么花、结了什么果，为社会、为人类留下了什么，奉献了什么。

老一辈新闻工作者留给我们的最大财富，就是严谨细致的工作态度和深入扎实的工作作风。这一点值得我们用一生来学习。

（三）记者是个“早起”的职业

从前，每当与人第一次见面交换名片的时候，对方常说的一句话是：“真年轻呀！”

这几年，同样的场合，听到的话却是：“看着很年轻。”多了“看着”二字，使人顿感时光流逝之快。

对新闻记者来说，时间是最为宝贵的。要为大众提供不知而欲知的新闻，记者必须“先知”。如何“先知”？只能“早起”。“早起”做什么？到新闻发生的现场，到社会生活的前沿，到人来人往的地方，眼观六路，耳听八方，去将大众不知而欲知的新闻发掘出来，采写出来，发表出来。

记者也是平常人，一天也是24小时，也要吃饭睡觉，也有家小，也有亲朋好友，并不能因为职业的特殊而多获得哪怕是一分钟的“额外”时间。天道酬勤。新闻记者要做到“先知”，惟一的选择就是“早起”，就是勤奋努力，就是把一天当两天用、当三天用、当更多的时间用。

南振中同志曾说：“新闻记者是世界上时间最缺乏的人。他们一年到头忙个不停，即使节假日也不例外。新闻记者又是世界上时间最充裕的人。他们等车等船，等被采访对象前来谈话，几乎每天都有大量的、长短不一的空隙时间。如果把这几分钟、几十分钟的空隙时间积攒和利用起来，那么，新闻记者就会比别人有更多的可供支配的宝贵时间。”南振中同志的话很有哲理，也给我们许多启发。

新闻记者是在新闻实践中锻炼成长的，实践的过程，是社会阅历和经验不断积累的过程，也是新闻采写水平、新闻作品质量不断提高的过程，更是新闻素养由“感性认识”到“理性认识”不断升华的过程。新闻记者能否进入最佳工作状态，达到“高产高质”境界，起决定作用的往往正是勤奋程度和时间意识。无数经验证明，勤奋的人时间多，珍惜时间的人时间多。

我曾与多位同行探讨过，在今天的生活节奏里可用的时间是多了还是少了。大家当然各有一番看法。有两种观点很有意思。

一种观点是：在交通便利、通讯快捷、信息来源广泛、网络四通八达的社会生活环境里，新闻记者可以用在采访写作上的时间不是更多了而是更少了。理由有四：一是正因为交通便利，有助于“来来往往”，各类“应酬活动”占去的时间多了，这中间与采访工作直接或间接相关的只占一部分，不少属于“纯应酬”范围；二是正因为通讯快捷，有了固定电话和移动电话，打电话和接电话占去的时间多了，且不少电话内容与工作无关；三是正因为信息来源广泛，看电视占去的时间多了，除了看新闻节目，其他综艺类的节目花的时间更多；四是正因为网络四通八达，上网占去的时间多，且不少时间交给了“娱乐性阅读”，并非与采写工作直接相关。持上述观点的同行颇有些忧虑：时间被分割得零零碎碎，在众多“选择”和“诱惑”面前，记者如何“静下心来”钻研新闻业务呢?

持另一种观点者不同意前面的“算法”，他们认为今日“快节奏”的时代里一分钟，与往日“慢节奏”时代里的一分钟，不可同日而语，因为各自的“含金量”是不一样的。比如，有了飞机，过去一天也走不到的地方，现在一个多小时便到达了。再比如，过去有事了要写信交代，先是书写，后是邮寄，费不少时间，现在呢，拿起电话，两三分钟就说明白了。因此，相对来说，现在的新闻记者可用的时间多了。

面对这两种观点，人们自可依据切身经验判断其理长理短。依我个人之见，不妨将两种观点“合起来”考虑。时代总是要进步的，便利的交通、快捷的通讯等条件，对新闻记者来说，用好了会是新闻工作的“助力”，用不好反而会成为“阻力”。需要认真对待的，是这样一个问题：今日“快节奏”的生活环境并非新闻记者所独享，社会上所有的人都身在其中。在这种情势下过去新闻记者“先知”的一些优势，如今反倒不那么明显了。比如某地发生了一件什么事，你还不知道，人家“网民”们早知道了。总之，交通通讯的发达，信息传播的加快，使“独家新闻”的“保鲜”难度大大增加了。而新闻记者惟一正确的选择，就是更勤奋、更努力、更深入，简而言之，就是比以往更“早起”。

新闻记者本就是个“早起”的职业。今天，“早起”显得更为必要了。

（四）新闻记者是什么“家”

世上有史学家、哲学家，有作家、画家、书法家、艺术家，还有数学家、物理学家、化学家，有时候人们也想这么一个问题：新闻记者是什么“家”？

有人说：新闻记者是杂家，什么都懂得点儿，什么都懂得不深。

也有人说：新闻记者是半个专家加半个社会活动家。

还有人说：新闻记者嘛，三分之一是专家，三分之一是社会活动家，三分之一是作家。

更有人说：新闻记者什么“家”都不是。新闻记者就是记录新近发生的事实的人；新闻记者就是新闻记者。

我认为，几种说法，都有一定的道理，都从不同侧面抓住了新闻记者的职业特征。看法不尽一致，视角上有所差异，这并不重要，重要的是我们对自己所从事的职业应该有一个清醒的认知，应该有一种执著的热爱，千万记住：新闻有“学”，新闻有“家”。只有把新闻作为一门学问去深入钻研和发掘，我们才能像任何一种学问家那样，置身于知识的宝库而终生受益。

记得有次在外地讲课，一位年轻同行曾向我提出这样一个问题：“你认为新闻记者怎么样才算找着感觉了？”

我答：“自己觉得爱上新闻职业了，自己感到每天都在进步、每次实践都有提高。”

这位同行又问：“那么，新闻记者到什么程度才算是干出了成绩，算是有水平的新闻人了？”

我答：“对每一位新闻记者来说，业务上的发展前景可能有三个：一是最终成为新闻专家，二是最终成为新闻学家，三是最终成为新闻专家兼新闻学家。”所谓“新闻专家”，就是新闻采写的行家里手，能够让他人以自己的新闻作品为样板或范本的人；所谓“新闻学家”，就是深谙新闻艺术的内涵，能够将新闻实践中的经验教训及成败得失等等升华、总结、提炼出来，形成可供他人参考与借鉴的著述的人。

新闻记者的成才、成功主要靠什么？靠天赋？靠机遇？靠物质条件？毫无疑问，这些因素都会在一定程度上起作用，但都不会起决定性的作用。多年新闻工作的经历使我体会到：做好新闻工作，需要勤跑勤练，乐于积累，善于思考，不断总结，实现实践——理论——再实践的互动和循环。

记者采写新闻，知觉和行动要尽可能早、尽可能快，这里就有个时效问题。记者要在受众打开电视、拧响广播、摊开报纸之前，将天下事采访出来，拍录出来，写作出来，不“早”不行，不“快”也不行。人们常说，“记者见多识广。”这句话也抓住了职业特征的一个关键点。“见”与“识”是紧密相关的，“见多”方可“识广”，职业要求记者拥有尽可能广泛的社会接触面和尽可能广博的知识面。然而与常人一样，记者一天也只有24小时可供使用，要想从寻常的日子中发掘出不寻常的新事，做到“见多”和“识广”，就必须学会“挤”时间。被挤掉的可能是安闲、是休息、是常人拥有的快乐，但投入新闻工作的时间因此而被“挤”出来了，拿出了优秀的新闻作品，记者也就获了这一职业特有的人生欢乐。

记者的成功之路，是用新闻作品铺就的；合格的新闻作品是深入生活“走”来的。每走一步都有一步的收获，这种收获是“数量”与“质量”的结合。新闻选题不会从天上掉下来，而要靠记者凭勤奋的努力和敏锐的感知去“走”、去“抓”。新闻素材客观存在于现实生活之中，面对同样的社会环境，不同的记者会有不同的发现。发现新闻线索是记者采写新闻的第一步，如同探矿的地质工作者面对荒漠、山峦、江河，不同的人会有不同的发现：金、银、铜、铁、锌……善于发现的人每一程都有收获。不善于发现的人，长途劳顿之际却常与丰厚的宝藏擦肩而过。

新闻的学问是实践的学问。一篇新闻作品问世，在完成它的报道功能的同时，也成为了新闻研究的史料和对象。这正是新闻精品之所以格外引人关注的又一个原因。有事业心的记者，应该对自己的新闻作品倾注激情，努力使每一篇作品都成为思想水平、写作水平达到一定境界的精品。当然，最终称得上精品的很可能仍是少数，但这少数的精品毕竟是全部努力的结晶，它们既体现着时代的风貌与特征，也凝结着记者的辛劳和智慧。即便在新闻作品发表之后，记者还得留意倾听各方反应，多角度地审视其短长得失。这种事后的研析，对新闻记者而言也是业务进步、水平提高的必经之路。新闻实践的过程，不仅是经验的积累与丰富，同时还是理论的感悟与升华。不少优秀的新闻工作者兼具新闻专家和新闻学家的特质，他们不但采写了大量有影响的新闻作品，还编撰出大量新闻研究成果或新闻理论专著。

中央电视台主持人白岩松曾言："中国电视的主持人分为两个阵营，一类为司仪型主持人，他们用几代人的努力提高了电视的娱乐层次，但随着新闻透明度的日益提高以及人们对社会生活的进一步关注，电视慢慢开始拥有自己的声音，这种形势下，思想型主持人应运而生。思想型主持人的道路注定要比司仪型主持人的发展道路坎坷得多，也漫长得多。"这番话，讲的虽是电视主持人功能和角色的变化，但对我们研究记者职业角色的变化，具有参考作用。

新闻有"学"，新闻有"家"。

（五）"改行"的甘苦与乐趣

1982 年的夏末秋初，我这武汉珞珈山下的学子，走进京城开始成为一名新闻工作者，这条路，一直走到今天，人也由二十出头，过了不惑之年。回想这些年，既有因做了一些有益的事可以自豪的安慰，又有没有做好工作而留下的遗憾。我体会，新闻工作，是比较艰苦、比较辛劳的职业，但是，也是非常有意义、非常不简单的职业。

大学毕业后，校友们都在各自的岗位上忙碌着，奋斗着，创造着。由于自己从事的是新闻工作，所以经常与校友们来往，也不断感受到一种同学情谊和激励力量。在大学里，大家可能学的是同一个专业，走出校门后，大家实际上又从事着不同的职业。但这不同的职业，也有其共同的地方，比如同样需要勤奋，同样需要踏实苦干。做好新闻工作，也必须勤奋努力，也必须踏踏实实。

迈入新闻机构的门槛前，自己心中对什么是新闻、怎么当记者，可以说一点"数"都没有。毕竟，自己在大学学的是经济，几乎没有想过毕业后会"改行"。新闻工作的一大特点，是实践性极强。也正因为此，自己在实践中抓紧"补课"，一步步进入了角色。"改行"的变化，实在是不小，自己也的确有过一个"不适应期"，那是一段工作很被动的日子。摆在我面前的路只有一条："补课"。新闻老前辈帮助我补课，同事中的同龄人帮助我补课，新闻实践更给了我补课的种种机会。想到这些补课的经历，感慨颇多。

对新闻记者的认识，自己也由浪漫变为了实际。记者的职业，责任是很大的。我把它比作"早起的职业"。如同厨师要比吃饭的人早起、早进厨房一样，记者要比读者、听众、观众"早醒"、"早到"、"早知"，只有这样，记者才可以将读者、听众、观众想知而不知但已经发生的新闻事实报道出来。不仅如此，记者还要"看清楚"、"看明白"、"说清楚"、"说明白"。什么叫"看清楚"？就是要了解事情的来龙去脉，方方面面。什么叫"看明白"？就是要知道事情的前因后果，弄懂其中的底细。什么叫"说清楚"？就是报道对新闻事实要有准确、完整的交代，让读者、听众、观众看到、听到事情发生的过程和全貌。这里，记者要回答是"什么事"的问题。什么叫"说明白"？就是你的报道要让读者、听众、观众看后、听后说："噢，原来是这么回事。"记者要回答是"怎么回事"的问题。当记者的，吃了苦后，受了累后，最大的心愿是：自己的新闻作品抓得早，抓得快，事实准确，报道手法新颖，受到社会广泛好评。

新闻工作者的艰辛，还在于新闻作品必须尊重事实，新闻作品的采访、写作要一丝不苟，认认真真。正因为此，新闻工作最怕马马虎虎，最怕"差不多"，最怕"道听途说"。作为新闻工作者，"实事求是"这四个字是要牢记在心的。社会生活是多姿多彩的，也是复杂多变的。在不断变化的社会生活面前，新闻工作者如何以对社会对人民负责的态度，积极主动地做好自己的本职工作，实在是非常重要的。这里，我的体会有这么几点：一要注意学习，在提高理论和政策水平的同时，也要注意掌握现代科技知识、现代金融知识和法律法规知识。二要深入生活、深入群众、深入基层，双脚要往生活一线走，要了解国情，熟悉国情。三要掌握辩证思维方法，对社会生活中的各种新情况、新问题、新现象、新矛盾、新经验、新做法，都应辩证地看，并加以科学地分析和认识。四是努力提高新闻业务水平，要练就做好新闻工作的"十八般武艺"，做到采访基本功扎实，写作基本功厚实。五是敢于创新，善于创新，比如新闻写作手法，比如版面处理方法，都可以大胆尝试新路子，不能墨守成规。

“改行”的日子，既是辛苦的日子，又是快乐的日子。新闻工作，每一天都是新的。往往是当你刚刚完成了一项采访任务，新的新闻线索又出现在你面前。往往是当你刚刚拼完了一天的版面，还不等松一口气，新的一天又已来临，更新的报道又要上版了。每天都面临社会新生活的一切，每天都呼吸着时代前行的新鲜空气，这职业不伟大吗？这不是乐趣无穷的职业吗？

“改行”的日子，既是播种的日子，也是收获的日子。从事新闻工作这些年，自己采写的新闻作品，反映了时代前进的足音，反映了改革开放后国家的巨大变化，反映了社会经济繁荣发展的景象，这工作不重要吗？这工作不值得为它献身吗？

在三百六十行中，每个人都可以做出自己的选择。做什么，怎么做，余地都很大。人的一生，也许会因种种原因，由某一行改为另一行，实际上，无论选择哪一行，重要的是，一旦认定了做这一行，那你就要有一种坚韧的敬业爱岗精神，脚踏实地，认认真真地做事，勤勤恳恳地做事，年年岁岁，岁岁年年。只有如此，个人才会对社会做出贡献，自己才不会虚度一生。

（六）记者的“六防”

新闻的事业是党和人民的事业。投身于这一伟大事业中的每一个人，都会有自己的成长之路和切身体会。这里谈谈新闻职业的幸福。

幸福处处有，而如何才能感受到它，并无恒定的标准。新闻事业里同样有幸福，但如何才能感受到它，每个从业者的实践和体会也是不完全相同的。正是这从业的幸福，激励着无数的新闻工作者，一代代地奔波劳作，在千难万险中书写着职业人生的绚丽篇章。

我个人看，新闻记者的幸福，可分为两个部分：一是作为普通人的家庭和生活的幸福，一是感受职业经历、体验事业成就的幸福。

对新闻记者而言，家庭和生活的幸福是重要的，从职业和事业中获取的幸福同样是重要的。时常听到同行们这样的感叹："家庭和生活的幸福，职业和事业的幸福，我都想要！可是，有时顾不过来，先保的往往是工作。"是的，新闻工作者负有天生的使命：当观众、听众和读者"不知不觉"的时候，必须"先知先觉"，必须"晚睡早起"，要在第一时间把观众、听众和读者想知而不知的新闻事实准确地报道出来。满足了观众、听众和读者的愿望，新闻记者听到了人民大众的赞赏，就会有一种油然而生的幸福感。

新闻记者是一个走南闯北的职业，每个人都会有自己的体验和感受。刚踏进新闻门槛的人，最初一定对这个职业充满着向往和渴望，尽管是朦胧的，不甚了了的。迈过新闻大门之后，一旦热爱上这份工作，就会从中获取不竭的动力。

记者和新闻之间，不是一个等号的关系。新闻四处都有，但不会自己跑到你手中。新闻在哪里？如果说它是藏在深山里的矿藏，记者则是深山探宝的矿工。从丰富的矿藏到金银铜铁锡等诸般矿产品，要经历挖掘的过程、筛选的过程、冶炼的过程、铸造的过程。

新闻作品是要与观众、听众和读者见面的，他们是真正的评判者。每件新闻作品是精品还是合格品，或是残次品、劣质品，裁判不是作者自己。记者的成功，从某种意义上说是新闻作品的成功。

获取职业和事业的幸福，绝不是一件容易的事，要付出辛劳和汗水，要经历磨难和痛苦，因为在记者走向成功的路上，“埋伏”有无数的“敌人”。这些“敌人”中，有六个最需要提防。

一是防“惰性”。

缺乏勤奋精神，凡事不肯花力气、下功夫，遇到上坡路就停下脚步，不愿负重前行了。有此“惰性”，是不可能在新闻领域有所建树的，更不可能获取新闻职业和事业的幸福。人如果松松垮垮，懒懒散散，就踏实不下来，也就不能扎扎实实地采访，进而写出朴实可亲的新闻报道来。

新华社总编辑南振中同志说：“要立志当一辈子记者，就要做好‘吃苦’的思想准备。”他当新闻记者以来记满的笔记本，多达两三千册，数字确实惊人，需要多大的恒心和毅力！作为记者，就要这样随时随地记录新闻素材，同时还要积累各种知识和资料，这些都离不开勤奋。

二是防“浮躁”。

浮躁包括三方面，首先是志大才疏，眼高手低，急功近利。著名记者穆青曾告诫年轻的新闻工作者：“年轻记者不要急于成名成家，应该扎扎实实地打好自己的根基。凡是急于成才的人，结果往往是成不了才。现在一些年轻人讲‘自我设计’，如果有正确的人生观，确立了恰当的奋斗目标，一步步地、扎扎实实地向前迈进，这当然是好事；但是，如果是专为出人头地而‘自我设计’，为达目的，不择手段，结果反而会害了自己。一个人究竟做出了多大贡献，价值几何，要由群众来评判。名记者要社会承认、群众承认才行，自封是不算数的。”

其次是用心不专，虎头蛇尾，一事无成。面对生活里的五颜六色，这也有兴趣，那也不放弃，东一锤西一棒，心定不下来，对新闻职业缺乏执著的追求。人生短暂，精力有限，什么都想做，反而什么都做不成。这山望着那山高，可能哪座山都爬不上去。新闻采写是沙里淘金的工作，记者必须在社会生活中历练新闻“眼”，必须当“杂家”甚至某些领域的“专家”，才能胜任。这就需要从业者能定下心来，把业务和自己关注的领域研究透彻。

最后是浮皮潦草，粗枝大叶，似是而非。新闻必须用事实说话，一就是一，二就是二。新闻作品必须尊重事实，新闻作品的采访、写作要一丝不苟，认认真真。作为新闻工作者，切记不能浮躁。

三是防“拜金”。

人活在世上，不吃不喝不穿是不可能的，但是，一个人不能把钱看得太重了，不能把物质所得放在头等重要的位置。“拜金主义”对新闻工作者的职业生命是致命的创伤，利用新闻记者的身份把新闻换成钱，注定是自我毁灭之路。

从某种意义上讲，新闻工作者代表着国家、民族和社会的最高利益。新闻工作者不能“拜金”，既是职业性质的要求，也是为人处世的要求。首先，新闻职业决定了从业者必须把党和人民的利益放在第一位。新闻工作者必须有社会正义感，“拜金”就势必趋炎附势，颠倒黑白，败坏世风，误国误民。其次，新闻工作者一旦“拜金”成癖，就会沦为金钱的奴隶，不仅眼睛被其蒙蔽失去新闻洞察力，而且也不可能做到客观公正。失去客观公正的新闻作品，则毫无新闻价值和生命力可言。最后，新闻工作者“拜金”，不仅失去了自己的良心和尊严，还可能以行获罪，失去自己的人身自由或生命。

在战争年代，新闻界前辈范长江曾说：一份电报，一篇通讯，一篇评论，都时刻影响读者对于战争的态度，影响前方军心，影响后方民气，战时新闻工作的效力远比平时大。他要求新闻记者不仅要有更健全的人格、更强的责任感和更高的报道水平，还要有健康高尚的人格，严于律己，要树立正气，培养良好的品质和作风。范长江在“青记”刚成立的时候，曾以6项具体要求作为会员的信条，即：努力自我修养，健全本身人格，巩固共同意志，促进新闻事业，维护大众利益，发扬民族精神。1940年秋，他在《怎么做新闻记者》一文中，再次阐述了自己的新闻观。他说，记者应该有一个坚定的政治方向，否则就如航海的船没有了指南针，要有操守，既不为金钱、利益、美女诱惑，又不为诽谤、诬蔑、威胁所吓倒，要能坚持真理。

四是防“自满”。

新闻的学问，是实践的学问。新闻业务，需要不断在实践中提高。如果采写工作中刚刚有点进步，有点成绩，听到一些好的评价，就飘飘然起来，以为这就是事业的巅峰了，不需要再努力了，不需要再奋斗了，那就会停步、会退步。

有人说：新闻无学。这并不是说新闻里面没有学问，而是说新闻职业实践性很强，所需的很多知识和素养不是直接来自新闻职业教育本身。新闻的学问，更多要靠从业者通过很长时期的亲身实践，才能积累和领悟到；新闻工作所需要的知识和素养，更要靠从业者在新闻专业之外去准备。也就是说，新闻工作者应是“杂家”、“专家”甚至是“战略家”，应具备各方面的综合素质。读者都愿意看有深度、有前瞻性的新闻报道。要做到有深度，不仅仅采访、调查要深入，记者本人还必须是“专家”；要做到有前瞻性，要成为熟知各行各业、社会知识渊博的“杂家”，则远非一朝一夕之功，谈何容易！所以，从某种意义上讲，新闻的学问博大精深，没有止境，永远没有“满”的时候。当今世界处于信息时代，科技和社会进步一日千里，新闻工作者更应勤奋学习，不能固步自封。

五是防“肤浅”。

“新闻不是写出来的，而是跑出来的”，“一分深入，一分收获”，说得很有道理。新闻需要写作的功力，需要语言的修炼，但是它不需要夸张，不需要藻饰，而需要用事实说话。记者的脚深不下去，不到人民群众中，不到现实生活里，仅靠看资料写稿子，听汇报写报道，新闻的生命源泉枯竭了，如何能出精品？

六是防“贫乏”。

如果知识陈旧，缺乏更新，既不善于总结和反思自己的新闻实践，又不能开阔胸襟学习和借鉴他人之长，新闻采写能力和水平就没有厚重的长久的支撑。比如，有的报道曾说过这样的外行话：“杂交水稻是‘嫁接’，产量就高”，实际上，嫁接和杂交完全不是一回事。类似的例子还有很多。

新闻记者要让自己的新闻稿被大众认可，就得懂得更多，看得更明白。试想，写的人自己都不明白，如何能让读的人明白？自己都研究不深，如何能写出有深度的稿件？新闻工作者面对的是纷纭复杂的社会生活，做的是沙里淘金的工作，无论当编辑还是当记者，既要知识面广，还要“术业有专攻”。所以，新闻工作者必须注意学习，在提高理论水平、政策水平和业务水平的同时，也要注意掌握科技、金融、法律等各方面的知识。

新闻记者只要时时提防和努力击败这六个“敌人”，就可能得到职业、事业成功的幸福。

微言不浅

——序《世象微言》

《世象微言》就要出版与广大读者见面了，作者晏乐安希望我在这本书的前面“说几句”。想了想，这个请求实在是不能推辞。不能推辞的原因有二。第一，作者是我的老朋友，且认识和熟悉都是因为报道工作的联系。他给我的印象，是人非常勤奋，长年脑不闲，腿不闲，手不闲，对新闻事业有种执著的追求。第二，作为一名记者，他不仅擅长通讯和消息的写作，还写了大量的言论作品，且大都言之有物，言之有情，小中见大，见解独特，这是很不容易的。有此两点，我便欣然将“说几句”的事答应了下来。

在这个世界上，记者这一行是很独特的。如果说别人是在认认真真扮演着各自的角色，那么记者实际上是一天到晚在“忘我”地观察别人的表演，要用客观报道来“记录”和“再现”别人的风格各异的生活实况。这并不是说记者没有自己的角色。记者是普通人，有普通人的喜与忧、乐与愁、爱与恨，有一般意义上的衣食问题，有一般意义上的家庭问题，这是毫无疑问的。但记者有自己的角色，且这个角色是非常不一般的，因为记者可以拥有任何人所不容易拥有的看人看事看问题的视角，见多识广，因而也就会有常人所难以拥有的感受和体会。这种感受和体会，时常是一种思想的火花，可以在客观的新闻报道中流露，但最能够表达出来的，还是言论，尤其是杂文。

不是所有的记者都能做到常写言论这一点的。相当一些记者，只开发了自己采写通讯和消息的潜力，而忽视了自己在对大千世界的观察中获得的感受和体会。而只有善于捕捉自己在新闻采写过程中闪现的思想火花的记者，善于思考的记者，才能不断地以记者的独特角色，通过记者笔下的言论反映世象万物和现实生活。晏乐安就是一个既发挥了自己采写新闻的潜力，又善于捕捉自己的思想火花的记者。我印象很深的，是他的不少言论写得很有激情，不论是针砭时弊，还是颂扬正气，都做到了语言明快，说理充分。报纸言论，面对的是广大读者，要做到既文字不长又寓意不浅，既朴实亲切又直中要害，是很不容易的。由记者来写报纸的言论，应该说是有优势的，这优势就是记者接触社会面广，熟悉现实生活，包括社会生活和经济生活，有条件有的放矢地论人论事论问题。优秀的新闻工作者，是生活在人民大众之中的，他们知道人民大众所思所想所盼所望，知道把什么样的语言放在言论里是什么样的分量，所以，他们写出的言论往往是受欢迎的。

晏乐安是个很勤奋的会写新闻报道的记者，也是一个很有成就的擅长报纸言论的记者。祝愿有更多的新闻记者在新闻报道和报纸言论两方面同时展示出非凡的才华！

“跳出”新闻认识新闻
——序《感悟新闻》

在我的印象里，李争鸣同志是最勤奋的人之一。他给人的感觉是踏实、刻苦，具有强烈的新闻敏感。《感悟新闻》一书反映的工作成果便是证明。

新闻是有学问的，新闻的学问是实践的学问。新闻事业需要大批的积极的实践者。无论是专业新闻工作者，还是兼职做新闻工作的通讯员，都有机会成为成功的新闻实践者。

要在新闻事业上有所建树，有所成就，新闻工作者首先要胸怀大局，有高度的社会责任感。新闻是社会生活的反映，而社会生活是丰富多彩的，是多层面的。社会生活有积极向上的一面，这是主流；也有消极阴暗的一面，这是支流。社会生活是起伏跌宕的，有时甚至是曲折的。人们身在社会生活中，但看问题又有多重角度。这一切，要求新闻工作者要有高度的社会责任感，观察和反映社会生活要实事求是，客观准确，把握正确舆论导向，把国家和人民的利益时刻放在心上。

其次，要对新闻事业无限热爱。写新闻，不是在进行文学创作，也不是做学术论文。但新闻并不好写，想写好也绝非易事。新闻作品不是肤浅产物，不是潦潦草草的东西。要做好新闻工作，人要走进生活的激流，深入基层和群众，还要掌握新闻写作的基本功。不热爱新闻事业，这个苦是吃不了的。只有对新闻工作无限热爱，才能有一种献身精神，苦中知甜。

第三，新闻敏感很重要。新闻敏感不是从天上掉下来的。许多人的新闻敏感，是后天培养出来的。新闻敏感之重要，在于有了新闻敏感，人能追着新闻跑，再远的新闻也能抓到；没有新闻敏感，即使新闻近在身边也会视而不见。

第四，要培养新闻悟性。新闻悟性，是新闻工作者工作实践的升华和提炼。一个人有了丰富的新闻实践，再加上善于学习和积累，勤于钻研和探索，从感性认识转换到了理性认识，新闻规律性的东西就被触摸到了。这种理性的结晶，能够更好地指导今后的新闻实践，达到更佳的效果。

新闻工作者出版新闻作品集，有着多种积极的社会作用。一是劳动成果的重新串连凝聚，集腋成裘；二是可供同行参考，变成“他山之石”；三是留给后人品评，汇入历史江河。

把自己的新闻作品编成一个集子，还有一层意义，这是人生心旅的一次整理。人生路上，有许多个心旅驿站，每个心旅驿站，都会有独特的感悟。一本新闻作品集子的完成，既是有形的书，又是无形的心旅驿站的标记。回想走过的路，可能曾有过坎坷和崎岖，但面对丰厚的收获，这段路又充满着创造的奇美和无穷的人生价值体味。

看新闻作品集，有人会觉得它比较“简单”，因为它没有哲学著作的思辩，没有历史著作的厚重，没有文学著作的隽永，没有科学著作的深邃。其实，这种看法本身就是看问题“过于简单”的表现。新闻是社会现实生活的反映，也是融会各个学科知识的“综合作品”，优秀的新闻工作者，是十八般武艺的集大成者；优秀的新闻作品集，也会是蕴含理论深度的具有鉴赏价值的著作。

难能可贵的是争鸣同志的《感悟新闻》一书，不仅是新闻作品集，还是“跳出”新闻认识新闻的学术性论著，具有探索精神和创新意识，其在新闻学术上的价值也是值得肯定的。

生活是美好的，我们要热爱生活。创造是壮丽的，我们要投身创造。新闻事业是美好和壮丽的集合，因而我们要一生不懈地努力和奋斗。

谨以此文与争鸣同志共勉，也与无数辛勤耕耘的同行共勉。

收获在这片热土

——序《凌河纪事》

和刘宪锋同志原来并不熟悉。他来北京出差，打电话找我，想聊一聊采访和写作方面的体会。这样自然就认识了。他给我谈自己不寻常的经历，谈当地的风土人情，谈事业上的收获，更多的是谈他对新闻工作的追求。我被这位已过不惑之年的同行的奋斗精神所打动。刘宪锋给人一个深刻的印象：热爱新闻事业，且敬业爱岗。

后来，他给我寄来一些他在各报刊发表的新闻作品，并在信中说，想把这些年的成果汇集起来，出一本书。他解释说，作为《葫芦岛日报》记者，他主要负责辽宁省建昌县的采访报道。建昌是革命老区，是一片洒满烈士鲜血的红土地。在三个文明建设中，这里的人民继承光荣的革命传统，艰苦创业，涌现出许多可歌可泣的英雄人物和先进集体。书中收入的就是歌颂先进模范的部分稿件，他希望我能为这本书作序。

我仔细看了刘宪锋同志的一部分作品。那些先进人物的事迹使我深受感动，值得我们学习。同时，我觉得，刘宪锋同志采写出这许许多多先进典型实属不易，是他勤于学习、勤于思考、勤于采访的结果。

刘宪锋同志自己说，他做新闻工作起步比较晚、起点比较低。他在农村长大，17 岁高中毕业后，留校任教一年，然后到青藏高原从军戍边5年，复员后，当过村团支书，当了10年县废品收购公司的临时工。可以相信，那个时候连他自己也不会想到日后会成为一名记者，并且能有今天的成就。我在想，从刘宪锋同志身上能够得到什么启示呢？至少有两点。

首先是勤奋。刘宪锋同志告诉我，他的新闻工作生涯正是从当“破烂王”开始的。每天收废品回来，晚上独自一人躲在宿舍，把白天了解到的新鲜事写出来，一写就是大半夜。这样不停地写，慢慢地，稿件变成了铅字而且发表的越来越多。与此同时，为了提高文化水平，作为临时工的他考入电大中文专业，3年后拿到了大专文凭。由于表现突出，他被录用为国家干部。成为记者后，刘宪锋同志更是珍惜手中的笔，8年中有20多篇新闻稿件获奖。记者是勤奋者的职业，懒人是做不了新闻工作的。有志于加入新闻工作者队伍或想写出好新闻的，没有其他捷径可走，惟有勤奋二字。

其次是深入。刘宪锋同志常驻一个县，采访范围不能说不小，可他一年发表上百篇稿件。他怎么写这么多稿，别人为什么就发现不了新闻？一些在基层从事新闻报道工作的朋友可能会提出这样一个问题。是的，全国性媒体的记者自有他的优势，可以天南海北地抓新闻。但是，要知道，很多新闻是在一个村、一个厂发生的。从某种意义上讲，新闻离得更近。只要采访真正深入下去了，一个乡、一个县的情况真正吃透了，就能从这片土地获得丰收的果实。刘宪锋说他很少蹲机关，常常在田野与农民拉家常，进车间与工人说知心话。公安干警半夜抓逃犯，他跟踪采访。他的大多数稿件就是这么写出来的。

建昌县的新闻是写不完的，发生在身边的新闻多着呢。愿刘宪锋同志继续努力，更加勤奋，更加深入生活、深入基层、深入群众，采写出更多反映时代风貌的优秀的散发着泥土芳香的新闻作品。

伟大的凡人

——序《磨砺集》

在中国，有这么一批新闻工作者：他们不是专职记者，但要大量地采写新闻报道；他们有许多事务性的接待工作，但这些事大都与新闻结缘；他们忙上忙下，忙左忙右，整天不得空闲，但却踏踏实实，任劳任怨；他们的编制属于地方或部门，但展示才华的舞台已没有了边界……他们是谁？我们是很熟悉他们的，他们就是新闻科长。

在多年的新闻工作中，我结识了不少新闻科长，他们的敬业精神，他们的工作热情，他们的业务能力，都给我留下了深刻的印象。但我想，我们也许还不完全了解他们，他们的欢乐和喜悦，他们的烦恼和忧愁，尤其是他们为工作所付出的努力和辛劳，这些，我们的了解也许是很少很少的。对他们，我们需要有一个新的认识和理解。比如，为了一个好的报道线索，他们为什么会不辞辛劳，千里迢迢来到编辑部？比如，为了安排好下去采访的记者的食宿和交通，他们为什么要想尽千方百计？又比如，他们为什么有时那么在意发稿的数量，为什么为了一篇稿子要千叮咛万嘱咐？……

新闻科长，这是一批伟大的凡人。多少年来，他们在默默地用奉献来证明着这种伟大的平凡。他们做了多种个人的牺牲，牺牲了许多休息时间，牺牲了许多个人的爱好，牺牲了许多与亲朋好友相聚的机会。有时，他们将本可以自己去采写的好题目，无私地提供给了新闻单位的记者，而经常的情形是，刊播出的报道上没有他们的名字。有时，他们一连陪新闻单位的记者采访几天，东奔西跑，忙前忙后，而他们知道这是在尽义务，是自己心甘情愿要做但绝无名利的事。曾有一位新闻科长对我说："当新闻科长的难处，是一两句话说不清的。不过我还是非常热爱这项工作，做这项工作，觉着世界挺大的。"

新闻科长，不同于新闻记者。哪里不同？最大的不同，是新闻科长的工作"杂"，新闻记者的工作"专"。在这种情况下，新闻科长要在新闻业务上有所发展，就要做出更大的努力，付出更多的心血。

赵宝森是一位出色的新闻科长，他也是在"杂"的环境中成长起来的。这本《磨砺集》，就是人们了解他的一个窗口。他的成功，有领导的培养，有同事的帮助，更因为他的事业心和勤奋努力。虽然其中有的作品还有可以进一步提高的余地，但他对新闻采写工作的熟练和理解，已经跃然纸上。

赵宝森是新闻科长们中的一员，他的新闻业务方面的发展和进步，是新闻科长们事业上成功的一个缩影。在为《磨砺集》出版"说几句话"的时候，我衷心地祝愿所有的新闻科长，大家都能于新闻事业方面在取得已有成就的基础上，再上新的台阶，再有更大的收获。

我还要再说一句：新闻科长，是一批伟大的凡人。

职业·事业·敬业

夜深人静的时候，打开了尘封已久的许多年前的采访笔记，刚刚走上新闻岗位时的那种兴奋感仿佛又涌上心间：“记者，一个崇高的职业！”那时的感觉，与今天的感觉，竟还是如此一样：在一个伟大的时代里，记者一定也是有为的。

当改革开放的号角吹响时，新闻队伍在新时代的伟大旗帜下聚集起来，这时刻，“老新闻”人人意气风发，年轻人个个风华正茂，新闻事业呈现出欣欣向荣的景象。成千上万的新闻工作者，用笔，用话筒，用镜头，记录着祖国的巨大变化，向世界展示着一个东方古国的灿烂新生。

作为记者，我们曾采访过刚刚拥有了责任田的农民，曾采访过刚刚签了承包书的厂长，曾采访过刚刚领到了重奖奖金的科学家，曾采访过正经历着政企分开阵痛的工业局长，曾采访过刚刚入股市还没有多少股票知识的股民，曾采访过下岗后刚刚闯出就业新路的再就业者。他们在这个伟大时代里的种种企盼，种种创造，种种坎坷，种种体验，都给人留下了极深的印象：正是他们，沿着改革开放的道路，谱写了国家繁荣富强的历史新篇章。

作为记者，我们目睹了短缺经济的退场，五颜六色的票证一一消失了，林立的商店里商品已经琳琅满目，买方市场悄然而至，东西多了怎么办的问题引起了社会各界的关注。我们体验了一次次社会热点的移变，没有再生希望的企业要不要破产，搞市场经济还要不要讲商业信誉，第二职业该不该鼓励，如何对待跳槽现象，等等。而每一次的热点移变，实际上都是人们思想观念的一次飞跃，带来的是一个个社会进步和经济发展的新机遇。我们不仅是一种目睹，不仅是一种观察，更是一种忠实的记录。社会方方面面的变化，都印到了报纸上，融进了电波中，留在了荧屏里。自己作为新闻队伍的一员，实在是有一种自豪感。

时代变化如此之快，作为新闻队伍里的一兵，前行中，竟常有一种难以名状的不安：自己是不是能够再勤奋些，如何尽量少漏掉些反映社会变革和发展的新闻？自己的知识是不是不够用了，眼界是不是不够开阔了，如何才能更新知识，如何才能拓展视野？自己的新闻采编手法是不是太陈旧了，如何能适应人们在众多媒体选择面前的新的需求？这种不安，实际上说明时代进步得太快了，同时也提出一道命题：新闻工作者必须跟上时代的潮流，而稍有停滞，便会愧对肩负重任的新闻事业。

站在新世纪的殿堂，每一个新闻工作者对未来都会有一种充满激情的憧憬：勇立时代潮头，加倍努力，履职尽责，做无愧无悔的新闻工作者。明天的新闻实践，每一次都充满着诱惑。新闻工作者要用智慧，用勤劳的双手绘就新世纪光辉岁月的道道彩虹。我们的事业在报纸的每一篇报道中，在电波的每一个音符里，在荧屏的每一幅画面上。为了祖国的明天，我们要以极大的热忱工作，我们的笔，我们的话筒，我们的镜头，记录着我们国家的日益强盛，记录着人民的日渐富裕，也记录着新闻工作者的一种职业的幸福……

第二辑

采写技巧

CaiXieJiQiao

一个人要去一个地方，可走的路不止一条。但是，有没有一条最佳的路，能不能找到它呢？即使没有最佳，有没有比较起来更合理的路，能不能走走看呢？记者新闻采写的方法，其实不是个理论问题……

浅说表扬与批评的艺术

一

在我们的生活中，正面的东西，光明的事物，总是占多数。正因为如此，我们的社会才能不断进步，经济才能不断发展，文明程度才能不断提高。也正因为如此，我们的报道内容大部分是正面报道。正面报道，有多种层面。从分类上看，至少有四种：第一，表扬性报道。有表扬人的，有表扬集体的，有表扬事情的。为的是宣扬其好的风尚和精神，使人们能从中得到共勉。第二，经济性报道。有介绍个人做法的，有介绍单位做法的，有介绍地区和行业做法的。目的是为了告诉人们从中如何学习和借鉴。第三，成就性报道。我们的建设取得的新进展，宣传出去可以鼓舞人们的士气，更好地去创造和奋斗。第四，信息性报道。在社会生活和经济生活中，有许多事情需要通过媒介来互相沟通。比如新产品动态，市场价格变化，公路车辆流向，等等。在这四种报道中，人们最熟悉的要数表扬报道。而最难做好的、最难做出特色的也是表扬性报道。

表扬性报道有自己的特点。什么特点？就是要让被报道对象的“闪光点”亮起来。让“闪光点”亮起来，是为了使大家都看得见，这样才能达到榜样的效果。这里，实践中出现了三种情况：一是如实而恰当地使“闪光点”亮起来，给人一种可亲可信可学的效果。二是报道没有使该亮的“闪光点”充分地亮起来，结果使人感觉不到榜样的力量。三是报道把“闪光点”人为地放大了，结果使人感觉不可信。这三种情况很值得我们注意和研究。

应该说，我们大多数的表扬性报道，是属于可亲可信可学的。但是，另外两种情况也是存在的。没有使“闪光点”充分亮起来的原因，大多的时候是采访不深入，没有把“金子”挖掘出来。还有的时候是写作时把闪光的东西给分散开了，无法集中体现。而把“闪光点”人为地放大的目的，则是为了追求“轰动效果”，为了突出“典型性”，为了“更加引人注目”。这两种情况，都是不可取的，都是我们要努力避免的。

把握表扬性报道的艺术，有四个方面要注意：

——报道要确立正确的表扬目的。表扬，是为了什么？这个问题一定要弄明白。我们表扬一些人和事，表扬一些单位和集体，是为了树立一些真正立得住的榜样，为了一种正面的引导作用。

——报道要选择恰当的表扬方法。同样是表扬，报道方法不同，效果也不一样，报道的方法，包括了新闻体裁的选择，也包括了时间的选择和力度的大小。这里，对于不同的人和事，不同的单位和集体，要根据其特点来选择报道方法。

——报道掌握适当的火候。不论是人，还是事，不论是这个单位，还是那个集体，都有多个侧面，有长处，也有短处，有优点，也有缺点。先进的，总是有其突出的地方。但在看到这些突出地方的时候，也要一分为二，注意全面和客观。

——报道要考虑长远的效果。宣传正面的典型，不是为了眼前一时，要着眼于未来，想到再过多少年这个典型还能站得住。如果从这个角度看问题，我们就在报道的思路和方法上有更多的深入谋划的必要。

表扬性报道，做好了也是很不容易的事。千万不要以为表扬性报道没什么学问，不要把问题看简单了。实际上，就表扬性报道的艺术而言，掌握起来并不那么简单，也就是说，其中的学问是很大的。

二

“批评性报道”这个概念，往往给人一种“难”的印象。难在哪里？难在报道实践中如何来把握“分寸”。1997年3月《经济日报》刊登的系列报道《“晨星”南下“取经”记》，是一次探讨批评报道艺术的有益尝试。

“晨星”是一家企业，过去是同行业的“老大哥”，在后来的竞争中，渐渐失去了昔日的光彩，成了“维维”后面的“小弟弟”。本来，就这一现象，报纸可以做成“批评性报道”，直接反映“晨星”由盛转衰的过程，直接反映它的种种教训。那样做，不仅操作上难度大，而且企业不容易接受，现在用企业自己找差距的办法，使企业处于主动的地位，再用上“取经”这个说法，就既把问题摆出来了，又明确了可以学习的榜样和经验，给落后的企业找到了出路，达到了“皆大欢喜”的效果。这中间，艺术的含量发挥了重要作用。

做新闻报道工作，最要紧的是要讲辩证法。“非黑即白”，“非好即坏”，都是片面的，很容易使报道出现偏颇。过去，我们在一些人物和典型的宣传上，出现了一些被动，要么是黑，要么是白，要么是好，要么是坏，使报道的真实性受到损害，也带来了一系列的不良后果。这种所谓的“鲜明”，恰恰使新闻变了“味道”。现实的一切，不论是人，还是事，从不同的角度看，视角里的东西都会有所差别。这告诉我们，必须学会用辩证法观察和认识问题，认识人，认识事物。

把握批评报道的艺术，有四个方面要注意：

——批评的目的和方法是不是富有建设性？为批评而批评，不是为了解决问题，会在操作中失去正确的努力目标，造成不良的后果。建设性批评的目的是为了解决问题，这样来做批评报道，就能达到比较理想的宣传效果。

——批评的对象是不是处于“配合”状态？批评报道，不论单篇，还是系列，只要触及了问题，触及了人和事，涉及的因素就很多，很复杂。这里，不能有半点粗心大意。而如果工作做细了，做到家了，被批评的对象会口服心服，会减少不必要的阻力。

——批评的过程里是不是善于协调？一个批评报道，从披露问题，到解决问题，会有许多的曲折和矛盾。及时恰当处理预想到的和预想不到的曲折及矛盾，会保证报道的顺利进行。

——批评的语言是不是做到了“留有余地”？批评报道总是要有针对性的，总会有明确的观点，总要触及到一些敏感问题，总会涉及到人和事。这中间，就有个语言上的把握程度问题，有个“话说到什么分上”的问题。做到了“留有余地”，往往会掌握报道的主动权。

批评报道的艺术，不仅包含了批评策略和方法的运用，包含了语言和分寸的把握，也包含了记者和编辑的修养和经验。这种修养和经验，需要在实践中培养，需要通过一定的“实战”机会来体味、来升华。批评报道有艺术，但这种艺术几乎完全来自实践。

人物特写和人物通讯中的“细节”作用

“细节”在人物特写和人物通讯写作中的作用是不容忽视的。一些人物特写和人物通讯之所以感人，之所以使人过目难忘，重要的原因之一，是因为文中有“细节”。而一些人物特写和人物通讯之所以平平淡淡，没有打动人的地方，重要原因之一，是缺少应有的“细节”。

作为新闻报道，见事见物也见人是容易受欢迎的。“见人”，有两种主要渠道：一是以写事写物为中心时“涉及”到人，如报道某矿山投产，文中矿长张三出来介绍该矿的基本情况；如反映某地干部多占住房，李四和王五各占了多少；等等。这里，写人是为了写事写物。二是以写人物为中心时“涉及”到人，如写人物特写和人物通讯，以反映人的言行为主。这里，写事写物是为了写人。前者，人是“背景”；后者，事物是“背景”。在以人为“背景”的时候，文中几乎不需要人的言行的“细节”；在以事物为“背景”的时候，文中往往离不了“细节”。

“细节”在人物特写和人物通讯中的作用，在《县委书记的榜样焦裕禄》、《“铁人”王进喜》中，在《为了周总理的嘱托》和《领导干部的楷模——孔繁森》中，都有很突出的体现。这些名篇留给我们的采写经验之一，就是要学会运用“细节”。

这里，我们不妨再解剖另一篇人物特写，来加深对“细节”

运用的理解。

1995年7月10日《解放军报》，刊登了一篇题为《一个共产党员的清白人生——记廉洁奉公的优秀财务干部赵海伦》的人物通讯。这篇通讯，写得感人至深，催人泪下。作品的成功之处，很大程度上是恰到好处的“细节”的运用。例如，在赵海伦病逝后清理遗物时发现一个装满票据的信袋，人们数了数，共有419张票据。这些票据最早的是1985年赵海伦回哈尔滨老家的火车票，最近的是1994年10月的车票。这是他公私分明的记录。作为财务股长，他每年经手几百万元，竟不为自己开“方便之门”，这是什么境界？再例如，赵海伦经常拎一个小黑兜，里面装的东西是什么呢？他病逝后，人们终于打开了它：一个大搪瓷缸，几双卫生筷子，三袋方便面，半盒火柴，两个半截蜡烛，两支圆珠笔，一台小计算器，一本记账笔记……还有一个“细节”：一家工厂欠部队40万元工程款，他曾四次去催款，没有要回来。第五次，他早晨6点不到，连早饭都没吃，就赶往十几里外的这家工厂，冒着严冬的寒风，守在大门口，直至疾病发作人晕了过去。受了感动的厂领导，当天就把40万元欠款还给了部队。这篇通讯中的细节还有不少，且大都具体感人。

“细节”对于人物特写和人物通讯，不是可有可无，而是必不可少。在这里，“细节”的作用至少有三：

第一，能让人物“活起来”。有了“细节”，人物就有血有肉，有“动感”，读者会觉得这个或这些人物就在自己眼前。

第二，能让人觉得“可信”。有了“细节”，时间有，地点有，言行有，就有了“真实感”。

第三，能见“思想”。先进人物的精神境界，是要表现在具体的行动中的。通过叙述先进人物行动中的“小事”，达到“一滴水见太阳”的效果，让人看到其中的“不凡”。

“细节”在大多数情况下，是靠记者“挖”出来的。这些“细节”都是真实存在的。不是记者“编”出来、“想”出来的。一旦记者通过艰苦深入的采访，“挖”到了非常生动具体的“细节”，还有个如何准确叙述和在文中什么地方叙述以及用何种方法叙述的问题。这里，学问也是很大的。

消息写作莫忽视了“细节”

消息的使命，是在最快的时间内，简明扼要地将新闻事实告诉读者。它不必也不可能像通讯那样作“细致入微”的开掘和铺垫，因此，常见的消息大多篇幅较短。也许是因为在简明扼要中不容易做到生动活泼，很多消息，往往得之简洁，失之呆板。有一种说法，认为“细节”属于通讯，消息要简明扼要，不宜多用“细节”。其实，对消息而言，“细节”该用还是要用的。

消息写作时，运用细节有何益处呢？

首先，细节刻画可避免行文呆板，增强可读性，吸引读者。

一篇消息，要完整地报道一个新闻事件，就必须交代清楚新闻事件的人物以及事件发生的地点、时间、经过和原因。然而，仅仅具备了这些新闻要素是远远不够的，具备了新闻要素仅仅是“及格”水平。消息要吸引读者，行文形象生动，才能抓住读者的注意力。而细节描写，恰恰是行文形象生动的最有效的方式之一。

其次，成功的细节刻画，可以最少的笔墨，再现新闻事件，给读者强烈的现场感和视觉冲击力，取得以小见大的神奇效果。

1949 年中国人民解放军突破国民党长江防线后，新华社播发了毛泽东亲自起草的消息，虽然只有几百字，但仍不忘细节描写。文中写道：“西起九江，东至江阴，千里江岸，战帆如云”，只这16字，交代清楚了渡江战役的地点、战线的宽度以及解放军战船的数量，将宏大的战场画面和解放军气吞山河的恢弘气势真实地展现在读者的眼前。

第三，细节描写，更便于突出新闻点，“画龙点睛”，胜过一般的叙述和说明。

第十三届“中国新闻奖”评比中，《武汉晚报》2002年8月10日见报的《看个“咳嗽”要掏1065元》一文，被评为消息类一等奖。它的成功，正是得益于“细节”。这篇文章不乏细节描写，如：“一划价，药费加治疗费765元，加上验血费300元，共1065元！”“陈教授开给药房的处方里写的是‘贝亚宁6盒、臣功华芬愈美颗3盒、力欣奇4盒……’；而病历上没有‘贝亚宁’和‘臣功华芬愈美颗’这两味药，‘力欣奇’也只写有2盒。再深入解读药品说明书：6盒‘贝亚宁’可用5个半月！”经过这些细节刻画，处方的暧昧之处跃然纸上。不用记者多说，读者也能得出医生开“大处方”的结论，被“曝光”者也无话可说。

那么，是不是所有的消息都可以运用细节？

除了标题新闻、一句话新闻、简讯，一般的消息都可以运用细节。反映事件新闻、社会新闻、会议新闻的消息可以而且应尽可能地运用细节，以增强现场感和可读性。政府公报类消息、综合信息类消息，看起来不能运用细节，但多动动脑筋，同样也是可以的。这类消息，可将读者最关心的地方挑出来，着力刻画。如：政府公报类消息，可直接引述部分原文；综合信息类消息，可先描述某一具体事例，然后引出新闻主题。

消息写作中，如何运用细节才能恰到好处呢？

首先，要抓准新闻点，确保采写的题材是受众关心的问题。

这是根本。如果新闻点抓得准，细节入文就是锦上添花；如果新闻点抓得不准，细节入文就是弄巧成拙。《看个“咳嗽”要掏1065元》一文，反映的正是人民群众意见集中的“大处方”现象，抓到了点上了。

其次，要抓准新闻的“要点”，在要害之处使用细节。这一方面是因为消息篇幅短，要惜墨如金，“好钢要用在刀刃上”；另一方面，是因为细节需要“浓墨重彩”。一篇消息中如果处处都是重点，则等于没有重点，就会分散读者的注意力，适得其反。《看个“咳嗽”要掏1065元》一文，抓住处方的自相矛盾之处，深入追寻，抓住了要害。

最后，要简明扼要，点到即止，不拖泥带水，“一滴水见太阳”。新闻作品，“长”与“短”并不是第一重要的，最重要的，是能够在一定的文字篇幅里，把读者关心的新闻事实讲清楚、道明白。消息不是通讯，披露了新闻，透视了本质，就够了。深度的分析和挖掘，可通过后续报道完成。

归根结底，新闻工作者要深入实际，深入生活，深入群众，时刻把人民群众的冷暖挂在心上，这样才能抓到好题材，才能捕捉到真实、生动、细腻的细节。

附文：

看个“咳嗽”要掏1065元

本报讯（记者李红鹰　实习生吴芳）　7日，武昌杨先生带着2岁的女儿到市儿童医院看病，没想到看一个“咳嗽”就要花1000多元。因此，他于昨日投诉到本报“新闻110”。

据称，杨先生被导医引到专治哮喘的陈教授诊室，陈问了几句，让他先带女儿去验血，发现孩子对常见的31种物质的过敏反应均呈阴性。

陈教授根据孩子患过湿疹，判定孩子是过敏性体质，便在病历和处方单上分别开了处方。杨先生见药开得很多，病历上字又看不懂，便问孩子得的什么病，陈教授说："按我开的药吃就行了。"

一划价，药费加治疗费765元，加上验血费300元，共1065元！有医务人员小声提醒杨先生："你的药开多了。"杨先生返回诊室问陈教授，陈教授称这是一个疗程的药。

杨先生回家后发现，一种"贝亚宁"的药上写着：过敏性体质慎用。杨不解：既然孩子是过敏性体质，为什么还要给孩子开这种药呢？细看病历又意外发现：陈教授开给药房的处方里写的是"贝亚宁6盒、臣功华芬愈美颗3盒、力欣奇4盒……"，而病历上没有"贝亚宁"和"臣功华芬愈美颗"这两味药，"力欣奇"也只写有2盒。再深入解读药品说明书：6盒"贝亚宁"可用5个半月！

面对杨先生质疑，陈教授昨日解释："贝亚宁"是一种免疫调节剂，虽然是"过敏性体质慎用"，但她是在给孩子开了脱敏药的前提下开出这种药的。

至于为何病历上处方药品数量比购药处方单上少，陈的原话是："为患者家长的经济承受能力作考虑"。

该院负责人就此表示：陈教授的行为肯定是有差错的，院方会根据院内质量管理条例对其进行处理。

最后，应杨先生要求，院方将杨手上的价值210元的"贝亚宁"退掉。

深度报道的“点”与“面”

1994年的初春，不少人的眼睛盯住了开封这座千年老城。在《经济日报》上，“开封”二字频频在一版闪出：2月28日，刊出《开封何时能“开封”》；3月1日，刊出《开封人盼“开封”》；3月2日，刊出《开封市委书记、市长致信本报欢迎大家为开封会诊》；3月4日，刊出《开封缘何不“开封”》和评论《先找症结再开良方》；3月5日，刊出《借来东风促“开封”——开封市常务副市长梁绪兴访谈录》及报道《“开封”报道在开封反响强烈》；3月6日，刊出《最大的差距在哪里？——开封市领导班子讨论会侧记》；3月8日，刊出《“开封”现象说明了什么》；3月10日，刊出《人民群众是“开封”的主力军——穆青同志访谈录》；3月17日，以《“开封”岂止在开封》为标题，刊出报道《河南日报转载本报报道并发表评论员文章》，专访《封闭就没有出路——新疆维吾尔自治区主席阿不来提·阿不都热西提访谈录》、《关键是思想解放——访陕西省省长白清才》、《齐心协力促“开封”——河南省委、省政府机关大院的议论》等。一时间，“开封”成了解放思想、更新观念的代名词。

在那些日子里，作为这组报道的主要参与者，詹国枢同志、刘海法同志和我，处于一种独特的兴奋状态。这种状态，让我们颇有收获。

采写《开封何时能“开封”》报道的过程，是我们对开封市情的了解和熟悉的过程。踏上开封的土地，让人吃惊的，是古老的历史与现实的落后形成了巨大的反差。历史方面，它是七朝古都，曾经盛极一时。即使在现代，它也曾是“豫老二”。然而，时势变迁，近些年来，开封风光不再。经济发展指标方面，开封在河南全省 17 个地市中的位次，连连下滑。1992 年，开封的经济增长速度、国民生产总值、人均生产总值，在河南各地市排位靠后，分别为全省倒数第一、第四、第六。1993 年，全市预算内工业企业盈利比上年增长 28%，亏损企业亏损额却上升了 148%。支柱产业方面，开封曾走在全省前列的电视机、电冰箱、洗衣机产业，都在短暂辉煌之后迅速衰落。市政建设方面，开封的破烂陈旧全省闻名。有人戏称：几十年前的“老开封”回乡探亲，绝不会迷路，因为连厕所都是老样子。市财政囊中羞涩，职工年均工资比郑州、洛阳低 800 多元，教师工资屡屡拖欠。市领导班子方面，自 1983 年以来，10 年中换了 5 任市长、5 任书记。人们的观念方面，封闭落后，自满自足。城里又破又旧，拥挤不堪，城外没多远的楼高路宽的新区却没人愿去住。身在开封，亲眼看到，亲耳听到，这些情况给我们很深的触动。

采写《开封何时能“开封”》报道的过程，是我们对“跳出”开封看“开封”的意义深化认识的过程。现实社会生活中，有许许多多发生在每个人身边的让人司空见惯的事情，新闻工作者只有善于“洞察秋毫”，把“新闻”从生活的汪洋大海中“发现”出来，并力图增强报道的纵深感，抓住事物的本质，才能获得报道的成功。开封的报道，意在思想观念上的“开封”，要给读者提供一副“望远镜”，从“一孔”看到辽阔的“远方”。采写深度报道，目的不是就事论事、就某地说某地，而是要以某一地、某件事、某个人、某个案例为突破口，对事物进行由表及里的报道，将事物放在更广泛的领域进行观察，透过孤立现象抓住背后更深刻的本质，揭示带有普遍性的社会问题。《开封何时能“开封”》要反映的，不仅是开封经济发展的慢与快，不仅是开封需要“开封”，而是针对了“这一类”的更多的地方。到1994年时，改革开放虽然已经走过了15年的道路，但并不意味着所有地方、所有人都真正解放了思想、更新了观念，不意味着所有的地方在改革开放和经济建设的道路上都达到了应该有的水平。实际上，在不少地方，其他地方早已落实的改革开放的政策、措施，在当地落实得很不够。从更大的背景和更深的历史跨度看，要“开封”的还不只是落伍者，不只是相对落后的中西部地区，先进地区也存在进一步解放思想的任务。即使是自认为思想还算解放的人，头脑里也存在需要“开封”的条条框框。“开封”报道的目的，是呼唤所有还没“开封”或部分“开封”的地方、单位尽快“开封”。采写《开封何时能“开封”》报道的意义，在于能够“跳出”开封的地域，看到全国各地各行业进一步解放思想、更新观念的必要性和紧迫性。

《开封何时能“开封”》报道刊载后，在开封、河南乃至全国激起了强烈的反响。在开封，各种新闻媒体同时转发有关报道，市里“四大班子”立即开会讨论，街头巷尾、机关工厂，人人争说“开封”。过去市政府接到的群众来信中，85%是告状的、反映各种纠纷的、要求政府出面调解矛盾的。报道刊载后，情况发生了很大的变化，来信的85%是出谋划策的。在河南，《开封何时能“开封”》成为省委、省政府大院以及其他各地市机关干部议论纷纷的热门话题。在全国，很多读者打电话、写信，参加开封如何“开封”的大讨论；有的地方人代会代表在人代会上慷慨陈词：“开封市正视落后，勇于‘开封’，我们这里怎么样?”时任陕西省省长的白清才说：《经济日报》关于《开封何时能“开封”》的报道抓得很及时，抓得好。这些天，我一直关注着这场讨论的发展。因为我们同样也存在一个思想“开封”的问题。时任新疆维吾尔自治区主席的阿不来提·阿不都热西提说，《经济日报》关于《开封何时能“开封”》的报道，对新疆是一剂良药，击中了新疆的要害和痛处。与开封比，新疆更需要正视落后，勇于“开封”。

采写《开封何时能“开封”》报道的过程，是我们进一步懂得新闻记者只有反映时代强音，才能有所作为的道理的过程。《开封何时能“开封”》报道之所以能在全社会和广大读者中引起共鸣，原因在于它反映了时代强音。当今中国的时代强音是什么呢？是改革开放和经济建设。1994 年改革开放进入了全面推进、重点突破、配套进行的新的阶段，财税、金融、外贸、企业制度等领域的改革深入进行。如何坚定改革信心，克服困难，坚持改革方向，迫切需要大家进一步解放思想，摒弃旧思想、旧观念，用社会主义市场经济的新思路取代传统的计划经济的老思路。在已走过的发展历程中，东部沿海步子快，中西部地区步子相对慢些，差距的产生引起了人们的注意。除了客观的、历史的原因，主观上的原因也是不容回避的。从这些方面讲，“开封”的意义相当广泛。在这种大背景下，1994 年推出《开封何时能“开封”》的报道，取得较大反响当在情理之中。

采写《开封何时能“开封”》报道的过程，是深入实际、深入群众、深入生活的新闻采访作风得到印证的过程。记者是反映时代声音的，时代的声音在哪里？在人民大众之中，在现实社会生活里。记者如果脱离了人民大众，脱离了现实社会生活，也就听不到时代的声音，也就写不出与国家和民族同呼吸、共命运的人民大众喜闻乐见的报道来了，所以说，新闻不是“写”出来的，而是“跑”出来的。在采写《开封何时能“开封”》报道时，我们进行了大量而细致的调查、访问。调取、分析了河南全省和开封市的有关统计数据，了解了开封电视机、电冰箱、洗衣机等产业的兴衰过程，走访了开封市领导、机关干部、企业家、个体户、普通市民，还走街串巷体验了城市杂乱的环境和交通拥堵的实况。在采写《开封何时能“开封”》报道的过程中，我们再一次深切体会到：新闻这门学问的课堂在现实社会生活里。新闻需要写作的功夫，需要语言的修炼，但是它不需要夸张，不需要藻饰，而需要以事实说话。记者的脚深不下去，不到人民群众中，不到现实社会生活里，仅靠看资料写稿子，听汇报写报道，新闻的生命源泉枯竭了，是出不了新闻精品的。新闻作品的营养在现实社会生活的“泥土”里，记者“深”不下去，新闻作品也就没有了“活力”和“魅力”。记者不深入基层，不知大众所需所求、喜怒哀乐，如何能写出动人心弦的好作品？新闻的发现，需要深入。优秀的新闻作品，不会产生在被采访单位打印好的“材料堆”里。《开封何时能“开封”》这组报道，不是“等”出来的，不是用材料“编”出来的，而是“跑”出来的，是“抓”出来的。

时至今日，我都忘不了与詹国枢同志和刘海法同志一起走在开封街头的情景：夜色朦胧中，冒着寒风，我们三个人沿街采访开封市民，从小商铺，到小食摊；从小作坊，到老宅院，问答之间，碰撞出了一个个共鸣点，新闻写作的火花开始跳跃，作为新闻记者，那时刻，是兴奋的，也是幸福的……

“点”与“面”结合的艺术

新闻报道面对的是现实生活，而现实生活如汪洋大海。记者的视点在相当多的时候，是落在这汪洋大海中的“一片水域”或“一个岛屿”上，报道的笔触也就会落在现实生活的某个“点”上。但“点”与“面”是分不开的。首先是“点”离不开“面”，其次是“点”反映了“面”，第三是“点”可以说明“面”。

我们的记者，在新闻报道“点”与“面”问题的处理上，已经有了较多的认识，也摸索出了一些经验。比如典型报道，不论是报道个人，还是报道群体单位，不论是正面报道，还是批评报道，实际上都运用了“点”与“面”结合的艺术。

《经济日报》1998 年 3 月刊出的《东西南北中农村市场调查》，就是一次比较成功的“点”与“面”相结合的尝试。这次报道，共选了五个“点”，即分别在江苏、甘肃、广东、吉林、河南五个省选了五个经济发展中等水平的村子，记者住在农民家中，挨家挨户调查，家长里短细细访谈，摸清了每个村子的每一户人家的经济状况和消费水平。通过下“笨功夫”，汇总出了一张张实实在在的统计表，写出了生动耐看的“蹲村手记”。报纸每天用大半个版的篇幅，分别介绍这五个村子的情况，最后，报纸又将“点”引到“面”，从五个村子的情况，看全国农村市场的前景，看如何开拓农村市场问题，给人以多方面的启发。

新闻报道的“点”与“面”结合的艺术，表现形式是很多的。除了《经济日报》的《东西南北中农村市场调查》这种“先点后面式”，常用的还有“点面融合式”、“先面后点式”、“点点复合式”，等等。比如“点面融合式”，是一篇文章中既有“点”的亮度，又有“面”的宽度，不用分篇就将“点”与“面”巧妙地结合起来了。比如“先面后点式”，是先将“面”上的情况介绍出来，让读者有一个总的概括性的了解，然后再解剖一个或若干个“点”，效果往往不错。再比如“点点复合式”，是用若干个同类的“点”的情况，暗含“面”上情况的存在，其效果也体现了较高的艺术性。

新闻报道“点”与“面”关系的处理，是一个很值得研究的课题。这种关系处理的每一种方式的具体运用，又都有许多的学问。一个出色的记者，在新闻报道“点”与“面”的结合上，应该是一个善于实践和创新的人，是一个善于自己积累和总结的人。同一个报道对象，如一种社会现象，或一个经济问题，用不同的“点”与“面”的结合方式“切入”，用不同的力度和尺寸具体掌握，效果也往往不同。对此，我们应有足够的认识。

批评报道的几种基本形式

采写批评报道，对一些记者来说，是有一定难度的。难在哪里？难在三点：一是能不能做？决心怎么下？二是用什么形式做？怎样进行选择？三是如何达到最佳效果？运用什么样的方法和艺术？这三个问题中，“用什么形式做”的问题往往会被忽视。作为新闻报道的重要组成部分，批评报道有自己的报道特征及报道形式。研究这些特征及形式，对提高批评报道质量，更好地发挥舆论监督作用，具有重要的现实意义。

批评报道的形式，从总体上说，可以分为如下六种：

——单篇式。所谓单篇式，是说批评报道就一篇，没有前面的“铺垫”，也没有后面的“延续”。

——点面式。所谓点面式，是说批评报道是由“点”而始，由“面”而终，先是开一个“门缝”，再后是“大门洞开”。

——首尾式。所谓首尾式，是说批评报道由两篇前后组成，前面一篇“鸣锣开道”，后面一篇“击鼓收兵”。

——追踪式。所谓追踪式，是说批评报道是层层递进，步步深入，有一系列的报道多次刊出，直至有了最后的结果。

——分析式。所谓分析式，是说批评报道并无具体批评对象，而只是批评一种或几种现象（包括批评一些人的错误思想和行为）。

——组合式。所谓组合式，是说批评报道是由若干篇同类的稿子“捆”在一起，形成了一定的“合力”，如同做数学题时的“合并同类项”，也如同人们制作的成串的鞭炮。

了解了批评报道常用的几种形式，最大的好处，是可以在决定要进行某一批评报道时，在不同的报道形式中，进行比较和选择。可以说，每一次的批评报道，都有自己最佳的报道形式，选准了是一个效果，选不准又是一个效果，且效果上的差别往往很大。

关于新闻报道形式和报道内容的关系，要说两句话。第一句，形式和内容是分不开的；第二句，形式是为内容服务的，形式常常会在一定的范围里影响内容的体现。一定的报道内容，需要一定的报道形式来作为“载体”，如同“量体裁衣”的道理。“衣服”做得再好，不合穿衣人的体型是不行的。对穿衣人来说，选择衣服的重要标准之一，就是衣服要合身。张三穿着合适的衣服，穿到李四的身上就不一定合适了。同样的道理，任何新闻报道，都要找到适合自己的“衣服”，要让“衣服”为自己“增光添彩”，而不是“帮倒忙”。批评报道也不例外。不仅是这样，批评报道在报道形式选择上，还更应该慎重，报道形式一定要选准。为什么？本来批评新闻就难写，写批评新闻成功了就不容易。这中间，有种种社会上的阻力，有报道事实核对上的麻烦，有批评力度掌握上的困难，等等。在这种情况下，如果报道形式选错了，就会更麻烦，更困难。这如同河流湍急处，船不仅要坚固，还要在船型和长短宽窄深浅上适合河流湍急处的环境。新闻报道形式如“船”，是新闻报道的“载体”，有了这个“载体”，新闻报道的“内容”才能“过河”。

在批评报道形式的选择上，常常容易犯的毛病是哪些呢？

一是“人小穿大人衣”。就是本来用“单篇式”就可以完成的报道，偏偏要用“首尾式”或“追踪式”，结果显得“后劲缺乏”。

二是“削足适履”。本来是一个较大的题目，可以用“首尾式”、“点面式”、“追踪式”、“组合式”等报道形式来做的文章，却选择了“单篇式”，该说的没有说明白，该深的地方没有深下去。

三是“头重脚轻”。这主要是指除了“单篇式”批评报道之外的其他几种形式使用中方法不当。比如“首尾式”，批评和揭露问题的“开口”甚大，但“收尾”时许多前面提到的东西，没有“下文”了。再比如“追踪式”，开头还“轰轰烈烈”，最后“底气不足”了。

这些毛病，有形式选择上的问题，也有具体操作经验上的问题，所以提出来，目的是一个：大家结合实践，边干边体会，边干边总结，在实践的基础上体会，在体会的同时进行总结，使我们的批评报道质量再上一个台阶。

社会新闻和经济新闻各自的“优势”

社会新闻与经济新闻是有很大区别的。这种区别，实际上缘于人们对新闻分工的理解。

人们认为，一般而言，反映社会政治、文化、治安、宗教、艺术、体育、科教、军事等等方面的报道，属于社会新闻。而反映衣、食、住、行、用的生产和消费方面的报道，属于经济新闻。这种理解，不能说不对。但是，人们又有这样一个印象：社会新闻“活泼”，经济新闻“死板”。

新闻“活泼”与“死板”的“界线”，不该出现在社会新闻和经济新闻之间。社会新闻，从广义上讲，涉及的内容，不仅包括了政治、文化、宗教、艺术、体育、科教、军事，还包括了经济。不仅如此，经济还是其中一个相当重要的方面，是社会全部生活的基础。我们之所以赞成社会新闻和经济新闻定义的不同划分，是为了在新闻工作中更好地注意不同领域的新闻的特征，研究其中的采写艺术和方法。如果说现实工作中，出现了社会新闻“活泼”，经济新闻“死板”的情况，那么，我们应当提出这样的问题：是不是我们没有把“经济新闻”的采写要领弄明白？是不是我们没有找到打开“经济新闻”宝库大门的“钥匙”？是不是人们只关心社会新闻而不关心经济新闻？

首先，我们要看到，经济新闻“死板”的问题，确实是存在的。相当一些经济新闻作品中，“毛病”不少：一是“语言硬”，二是“数字成堆”，三是离读者“远”，四是让读者“看不懂”。这些“毛病”，直接形成了经济新闻的“死板”问题。

第二，确有一些人没有准确理解经济新闻要领的真实含义。在有的人看来，如果不与“产值”、“利税”、“产品”、“价格”这些东西沾边的事情，就不是经济新闻。这种片面的理解，就人为地把经济新闻的天地“缩小”了，把许多本属于经济新闻报道领域的内容“放弃”了。

第三，一些记者习惯在生产领域找经济新闻，而不善于在消费领域这个和大众关系最密切的领域找经济新闻。实际上，社会上的每一个人都直接涉足于消费领域里，因为大家既是生产者，又是消费者。而且，正是在消费领域，人们的共同语言最多。消费问题，与广大读者关系密切，是经济新闻的主要采写对象。

第四，社会新闻，属于事件性的居多，往往有比较强的现场感，且大多有各种各样的人物出场，有时还有故事情节，有曲折和变化，容易吸引读者。这一点，是不容置疑的。但是，经济新闻的优势也是不容忽视的，那就是老百姓时时离不开的“衣、食、住、行、用”这几个字。实际上，社会生活的其他方面，都离不开经济生活这个基础。

从事经济报道工作的同志时常有一些抱怨：“写这类东西，费力不讨好”。久而久之，有的从事经济新闻报道的同志，实在坚持不住了，就“转行”了，开始把采写报道的重点移向社会新闻。刚刚“转行”时，觉得“很顺手”，再往下，真要再上一个档次，又感到不是那么容易。

笔者认为，采写社会新闻和采写经济新闻，要想成功，各有各的“难度”。这里，关键是掌握必要的采写方法和艺术。就经济新闻来说，采写的方法和艺术，从已有的实践中，是可以认真总结和进一步提高的。比如，对一些难懂的经济问题，就用“翻译法”，把不容易让人明白的东西，变成人们一看就清楚的东西。再比如，对一些属于生产领域的事情，因离人们稍远一些，就用“贴近法”，找到生产与人们之间的内在联系，让人觉得“这事与我有关系”。方法还有许多，许多方法的使用中又有个“火候”问题，又有艺术的内涵。

探讨社会新闻和经济新闻的不同的“优势”，找到不同的克服“难点”的方法和艺术，是有很强的现实意义的。在一个以经济建设为中心的时代里，经济问题是最大的问题。如果我们对经济问题报道的方法和艺术掌握好了，那我们的经济新闻不仅可以反映经济生活，还能成为推动经济发展的力量。

体育报道中的“经济眼”与“经济味”

《经济日报》记者何东宪、杨忠阳采写了一组“来自十运会的报道”，围绕赛事话经济，篇篇有新意，做出了体育报道的“经济味”。有两篇文章我印象特别深，一篇题目为《小小纪念品　是个大市场》(2005 年 10 月 18 日二版)，一篇题目是《体育带动旅游　展现无限商机》(2005 年 10 月 21 日二版)。

此次十运会报道开始之前，报社就要求记者，体育报道要围绕“体育经济”来做，做出特色来。从体育赛事中“找出”实实在在的“经济新闻”，记者须有“经济眼”。记者采访的是体育场馆内的体育比赛新闻，他们把新闻触角又伸到了赛事的背后，伸到了看似不起眼的十运会纪念品和体育旅游上，反映出通过十运会这个平台，商家们也在演绎着追逐商机和利润的经济赛事，角度较新，较巧。记者采访深入，观察细致。记者一边感受着每天激烈的体育比赛，一边又在关注着市场上以吉祥物为标志的纪念品销售的不断升温，体育旅游热的不断扩大。通过对百货商店、航空公司、银行、旅行社等大型企业的采访，以详实的数字来证明纪念品的畅销，旅游市场的火爆，并分析其原因，更揭示了与大型体育赛事一荣俱荣的吉祥物纪念品和体育旅游被市场追捧的深层次问题。立意新，有深度。记者不满足于纪念品销售旺和体育旅游热现象的表面报道，而是旁征博引，列举三届国外举办奥运会的生动例子，来证实吉祥物纪念品、旅游等给企业带来的巨大商机，以及支撑商机真正动力是知识产权的保护和人们精神文化需求。这样，新闻报道就厚实、丰富、立体起来。选材得体，文字简练，观点鲜明。围绕主题，记者积累了不少素材，但在运用中只选择了最有说服力的几则，滴水见太阳。文字简单明了，用事实说话。紧扣主题，水分少，大主题用千字文就表达清楚了。

大型体育赛事中蕴涵着大量的经济现象，更深含着经济新闻的素材。这使我想起了1987年《经济日报》记者张妼丹的一篇报道。她在首都体育馆看体操比赛时，发现一起观看比赛的一名生产体操器械企业的总经理特别紧张，始终全神贯注，原来，比赛场地里所有的器械都是他们企业生产的，老总通过比赛检验自己的产品，比赛结束，总经理才如释重负。张妼丹在一旁观察到了这些细节，觉得有文章可作，马上赶回报社，写出了《谁是最紧张的观众》新闻稿，第二天见报后，反响很好，还获得了当年的全国好新闻奖。在体育报道中，记者要比别人多一双眼，一双捕捉深度经济新闻的慧眼。

附文：

小小纪念品　是个大市场

（何东宪　杨忠阳　2005年10月18日　《经济日报》第2版）

一对新人的爱情信物不是钻石戒指，也不是名牌手表，而是十运吉祥物——“金麟”！说来都让人难以相信，但这却是事实：十运会开幕前夕，在南京举行的一次婚礼上，新郎和新娘就交换了从十运会专柜新购来的毛绒情侣“金麟”作为信物，这件事在南京一度传为美谈。

来到江苏后，记者在南京市场上发现，从十运会临近到圣火点燃后，以十运会吉祥物“金麟”为形象的纪念品销售也在不断升温。以南京新街口百货商店吉祥物售卖专柜为例，9月商场刚开设专柜时，吉祥物“金麟”的日销售额不足4000元，而10月份日销售额就突增到4万元，是以前的10倍，顾客尤以外地消费者为多，至少占到了六成。现在代理商的送货次数已经从以前的一天一次变成了一天四次，即便如此，“没货”还是常事。原本吉祥物的毛绒玩具系列有6个类别，目前带塑料挂钩的休闲挂件、有绳子和吸盘的吊绳挂件、牛仔男女金麟都已经销售一空，无货供应，6种摇头金麟塑像卖得只剩2种，而金麟储蓄罐、钥匙扣、冰箱贴、球类雕像等在国庆期间就已经卖完了。

据了解，这类吉祥物纪念品也受到了航空公司、银行等大型单位的欢迎。暑假期间，中国东方航空公司一次就曾订了上万件金麟毛绒玩具，以送给暑期出游的孩子们。很多银行和企业也大批量购买送给客户作纪念品。据专家预测，十运会最赚钱的商品将是吉祥物纪念品，获利能力可能达到几千万元。

说到吉祥物，就不能不提到1972年德国慕尼黑奥运会，正是那次奥运会设计出了一个“形象代言动物”，有了吉祥物的创举。此后吉祥物就成为大型运动会上一道独特的风景，成为主办国风土人情的最佳载体，也成为与运动会共存的一大品牌。纪念品既能给运动会主办者带来转让特许经营权的收入，也能给获准生产的厂商带来利益。历届大型运动会吉祥物纪念品都给企业带来了巨大商机。2000年悉尼奥运会，出售奥运吉祥物纪念品收入2.13亿美元。2004年雅典奥运会，吉祥物纪念品的销售收入也超过2亿美元。一位十运会官员回忆说，当时在雅典考察时印象最深刻的就是雅典奥运会的纪念品，这些纪念品包括了邮票、T恤衫、纪念章、钥匙扣、手表等等，每个品种还有很多样式，尽管价格不菲，但是由于做工精细，又有奥运会的特殊标志，因此非常抢手。

十运会吉祥物“金麟”取材于中国传统吉祥物麒麟，与南京“金陵”之名谐音，其动作富有人性化，面相更是具有孩童般的亲和力。所以大家普遍认为，十运会吉祥物既有文化底蕴又有现代气息，其观赏娱乐性完全符合人们的消费心理。

其实，不仅憨态可掬的吉祥物金麟毛绒玩具，现在建立在十运会知识产权基础上的纪念品都在市场上“大行其道”，比如精美可爱的金麟钥匙扣、十运金银徽章、雨花石、水晶及玻璃制品、云锦以及首日封等。这里面既有十运会热潮的影响力，也有其他方面的原因。专家认为，既然是纪念品，就存在着一定的升值潜力。当前我国收藏爱好者已有3000多万人，作为我国首次以申办方式确定主办城市的全运会，4年一届，十运会各种纪念品在人们眼中有独特的收藏价值也在情理之中。而且，我国对各种知识产权保护力度的加大，也将在一定程度上提升其价值。

小小吉祥物，小小纪念品，也是一个大市场。

新闻报道：数量·质量·分量

人们评论一个新闻记者，往往会从一个突出的侧面作判断。比如，有时会这样说："这个记者很勤奋，一年他写了上百篇报道。"再比如，有时会说："这个记者文字功底很强，写稿子没有废话，稿子质量好。"还有一种评价会说："这个记者有头脑，善于抓住问题的要害，报道一般都很有分量。"

上述评价，都从一个侧面，肯定了某个新闻记者的一个优点。一个是数量，一个是质量，一个是分量。我们要问，这些能不能在一个记者身上全部体现出来呢？这样高标准来要求记者，是不是太过头了呢？

应该说，数量和质量，数量和分量，有相互矛盾的一面，更有相互统一的一面。这中间，统一的地域和舞台，是很大的。一个记者，如果勤奋努力，业务素质较高，文字功底较好，采写经验较丰富，完全可以做到数量与质量、数量与分量的统一。当然，这种统一，是有条件的，是有前提的。相对而言，强调了质量和分量，数量上是会受一些影响的。所以，这里用"适量"这个概念可能更准确些。"适量"，就是在保证稿件质量和分量的同时所可以达到的尽可能多的"量"。比较理想的模式，是"稿量比较多"、"质量比较高"、"分量比较重"这三者的统一。

我们现在的情况，是有一少部分记者，既没有稿件的数量，又没有稿件的质量和分量，比如一个月写不了三篇稿子，每篇见报的稿子常常是简讯之类的东西，这怎么行？这种“三无”（无数量、无质量、无分量）现象，虽然发生在个别人身上，但也应引起我们的注意。出现这种情况，有不够勤奋努力的原因，也有方法不对路的可能，还有个基本功和水平问题。要改变这种情况，就要从这几个方面着手，真正下番苦功夫。

对稿件数量和质量的关系，记者应有正确的处理方法，要根据自己的实际情况（如特长等）考虑问题。如果自己善于采写通讯，则不一定过分讲数量，要着力在量少质优上下功夫。而如果自己是消息写作见长，那么，在保一定质量水平的前提下，就要着力考虑增加数量。人不同，情况不同，处理数量和质量关系的方法亦不同。当然，我们也有共同的判断标准，那就是：尽力在数量、质量、分量上实现“三统一”，达到完美的融合。

注意“小事情”背后的“大问题”

有一个说法，记者抓新闻，脑要往高处想，脚要往低处走。这个观点是值得认真琢磨的。我们现在有些记者，是“脑往高处想”而“脚不往低处走”，除了跑机关，跑部门，开新闻发布会，用材料写稿子，几乎眼里没有“活”的新闻。一旦你告诉他某某报登了一条什么新鲜事的报道，问他为什么没有抓到，他会回答：“这是个小事情，不值得我们大报来报道。”

在现实生活中，往往有这样的情况，一个记者在一个地方呆久了，就没有“新闻敏感”了。分析原因，大概有三：一是与外界的信息沟通不灵，缺乏“比较效应”。感觉不到事物的“差异”了，也就不知什么是新鲜的东西，什么是陈旧的东西了。二是自己对某一生活环境逐步熟悉了，觉得自己没什么不知道了，人就容易变懒了，没有以前勤快了，忽视了对天天都在变化的社会生活的观察和分析，甚至开始“浮”起来。三是认识上有问题，主要是“看不起”发生在身边的“小事情”，没有清楚地看到“小事情”里面和“小事情”背后所包含的普遍意义及其价值。

就新闻角度说，“小事情”的概念，伸缩的余地是很大的。如一个出租车撞了人后逃逸，猛一看是个比较简单的追究刑事责任的事情；从道德和社会公德的一面看，又是个值得在全社会讨论的“大事情”。在茫茫商海中，一个商贩搞了缺斤短两的事，可以就事论事做报道，也可以引申开来就一种普遍的现象来作大文章……这就是“这一个”与“这一类”的关系，从“这一类”的背景上看，“小事情”背后有“大问题”。一些记者所以丢掉本来有新闻价值的“小事情”，是因为没有看到“小事情”背后的“大问题”。

实际上，世界上任何事物，都是有“背景”的。不同的地方，各有各的“背景”。记者看事物，不能只看表象，要看到更深的东西。忽视“小事情”的存在，就会失去寻找新闻的敏感。因为一年 365 天，真正让人一看就是惊天动地的“大新闻”是十分有限的，大量的新闻是通过看似不显眼的“小事情”反映出来的。如果不善于从“小事情”中进行“提炼”和“挖掘”，就会被动地为等“大新闻”而“饿死”。有的记者“大”的抓不来，“小”的又看不上，就属于这种情况。要改变这种情况，关键是解决对什么是新闻的认识问题，认识问题解决了，记者就会走近“小事情”，就会发现新闻。“小事情”里面抓新闻，不是拿着“放大镜去找”那些“小事情”。“放大”了的“小事情”还是“小事情”。“小事情”能否有新闻报道价值，关键要看“小事情”的“后面”有没有“大文章”。有记者会问：“那我怎么知道什么‘小事情’要‘盯住’，什么‘小事情’要‘放弃’呢?”这里，关键是记者对事物从表到里的认识水平高低，水平高，判断准确；水平低，判断失误。一个优秀的记者，是善于积累、总结实践经验而造就出来的。“小事情”如何看，能否从中发现“大问题”，能否做出“大文章”，是衡量记者思想认识水平高低的“试金石”。

消息：要多拉快跑

讨论“优秀消息作品为什么少”、“如何使优秀消息作品多起来”的问题很有现实意义。新闻，在一般的含义上指的是消息。报纸是新闻纸，没有消息是不行的。消息好比“直通车”，载着读者以最快的速度了解天下发生了什么。如果在一张报纸上，可以给消息一个固定的版面，那么，刊登出来的消息越多，对读者来说，报纸就越有可读性。因为，读者通过报纸知道了更多的想知而不知的事情。

消息能不能写短，似乎不该再有争议。新华社记者郭玲春写消息，并没有见“长”，然而反响好，还得过全国好新闻奖。

对消息来讲，人们一直强调“短而精”，这是很有必要的。消息如果太长，拉拉杂杂，拖泥带水，就起不到“直通车”的作用了。从一定意义上讲，“短”就是快，写得快，见报快，阅读起来也快。“精”，就是好，有“信息量”，有“厚度”，有“深度”。

《经济日报》多年来一直强调要大家多写短而精的消息作品，总编室还曾定了一个发稿字数限制规定。对消息的要求是：每篇最多可发600字，头条放宽至1000字。

报纸任“长文风”继续行不行？不行。第一，大块文章多，信息量少，读者有意见，可读性差。第二，版面上几大块，“形象差”，无法“打扮装饰”，读者“第一印象”不佳。第三，不利于记者提高写作水平，想到哪儿写到哪儿，不会“沙里淘金”，材料多长稿子多长，领导讲多少用多少，业务水平难以长进。第四，版面有限，四个版也好，八个版、十二个版也罢，无限制地长下去谁也保不了劳动成果全都实现。结果是，挤上去一些，挤下去一批，有的压压还留口气，有的压几天就压死了。

看来，还得改。用一句简单的话说，叫改了利大于弊。

从大量记者来稿分析，目前消息稿偏长，主要是两个思想问题：第一，总怕别人删，反正要删要改，索性先长些，“头戴三尺帽，不怕砍一刀”。第二，总怕别人不明白，说了一，还要说二；说了东，还要说西；一方面如何，另一方面又如何。次序上无轻无重，采访了多少东西写上去多少东西。

由于有这种指导思想，不少消息原稿出现了一些不该具有的“特色”：一是套话多；二是空话多；三是重复的内容多；四是“材料”多；五是无关紧要的“数字”多。这样的消息，如何成为优秀作品？

拧干“水分”的“毛巾”还是“毛巾”。作为读者，总有一个心理：在最短的时间里，从最少的文字里，知道最多、最丰富的事实。记者应该有拧干“水分”的能力：使消息报道短而有内容，短而吸引人。

说到提倡写短写精，也就回避不了一个现实：新闻界年年喊要写短，却年年在中国新闻奖评审会上为好的消息难以评出而犯愁。分析原因，除了上述说的记者的“思想问题”，恐怕还有新闻激励机制问题。我们可以设想，假如消息字数的“规定”严格执行了，是不是有的记者就写不了稿了？假如我们的奖励办法向消息再倾斜一下，实现了真正重奖，会不会有更多的记者在采写消息上倾注更大的热情，会有更多的优秀消息作品涌现出来？

消息写短了，是不是就可以了？不是的。在一定的字数内，消息还要“满载”，就是说要有“信息量”，有内容。如果一个消息写得很短，但里面什么内容也没有，这就短得没有意义了。而既短又有内容且内容很多，才是合格的消息作品。

“多拉快跑”，这四个字就是一把“尺子”，是对消息高标准的要求。在这方面，好的作品还是不少的。1997 年 10 月 6 日新华社的一篇消息就是一例。

这篇不足 600 字的消息，题目是《南京长江第二大桥开工》。消息的导语就很有内容：“主跨径居世界钢箱梁斜拉桥第三位的南京长江大桥，今日开工建设。”这个导语，不到 30 个字，告诉人们两个信息：一是这个桥在世界上的地位，二是它的开始建设时间。在导语后面一共还有四段描述，分别讲了如下的事实：什么领导人出席了开工典礼；这座桥建在长江的什么位置；这座桥长多少米，宽多少米；排在这座桥前面的世界上的另外两座大桥是哪些国家的；建这座桥的原因、作用和意义；这座桥的总造价和建成时间；等等。如此多的内容，集中于不足 600 字的报道里，给读者带来的收获是丰富的。写一篇消息作品，要想做到“多拉快跑”，也就是短而精，记者是要下很大功夫的。这里，不仅要有时效观念，更要站在读者角度，考虑读者究竟在这件事上想知道什么，自己能够尽最大努力给读者奉献多少。往往容易忽视的，是“背景资料”的运用。消息是要有新闻的，新闻包括了现场刚刚发生的事实和现场之外又与之相关的必要的“背景资料”。“背景资料”的拥有，记者是要下一番功夫的。除了要写现场的情景，更关键的，是要把有关现场事实的读者感兴趣的“背景资料”巧妙地运用到稿子里。

消息要短，不是说要浅。我们提倡的是，既要短，又要短中有“信息量”，有“厚度”和“深度”。有人说，消息是最能体现记者水平的体裁。这里，不仅反映记者敏锐和快捷程度如何，还反映记者知识面的宽窄，记者采写能力的强弱，也反映记者积累和运用背景资料水平的高低。

“多拉快跑”，作为写消息的一种不懈的追求，是要在实践中品味成败得失的。只有多实践，才能达到理想的效果。

社会亮点和新闻亮点

亮点这个概念，这几年逐渐被人们所熟悉。现在，一个突出的问题，是要把社会热点和社会难点的概念与社会亮点的概念区别开来。社会生活中，人们关注三类事情：热点；难点；亮点。属于热点的事情，是指由于种种原因，人们的认识和看法不一致，一时无法统一认识的事情。属于难点的事情，是指由于种种客观条件限制，一时不容易办成或大家对办成没有十足信心和完全把握的事情。而亮点，不同于热点、难点，是属于大家没有争议，客观上有条件办的与大家的生活密切相关，大家都有信心办成办好的事情。

用这三个标准，基本上就将社会热点和社会难点，与社会亮点区别开来了。与此相关的一件事，就是要探讨社会亮点和新闻亮点的关系。有人常把社会亮点和新闻亮点这两个概念混同起来。他们以为，社会亮点就是新闻亮点。这实际上过于简单化了。通过反映社会亮点能在读者听众观众中产生强烈反映的报道，才是新闻亮点。在现实生活中，有一些事情形成了社会亮点，报道后有两种可能：一种情况是形不成新闻亮点，报道引不起人们的注意和兴趣，人们是一种漠不关心的态度；一种情况是形成了新闻亮点，大家纷纷关注报道，对报道产生了浓厚兴趣，社会亮点经过新闻报道更“亮”了。

明明是社会亮点，为什么会有可能不是新闻亮点呢？这个问题需要我们新闻工作者来回答。常常的情况是，我们的报道方法出了问题，造成的后果是：社会亮点经过我们的笔，我们的话筒，我们的镜头，亮度减弱了。

我们举一个例子。比如，一条大铁路建成，是一个举世瞩目的社会亮点。对此，几乎所有的新闻媒体都派出了记者进行报道。结果呢，有的报道成为了新闻亮点，风采非凡；有的报道平平淡淡，毫无光芒。前者的做法，不是就事论事，而是将铁路通车中人们最关心的东西，如前因、后果、背景资料，集中奉献了出来。这样，社会亮点就变成了新闻亮点。后者呢，就表面现象做文章，孤零零地就通车说通车，报道既无深度又无厚度，这样的报道，让人看不见铁路建成的现实和深远意义，看不见铁路建成的直接和间接作用，原本的社会亮点在新闻报道中就不是亮点了。

报道社会亮点，能否形成新闻亮点，是对记者新闻功底的考验。同时，也是对新闻单位整体报道水平的检验。社会亮点，亮在何处，最亮的是什么，报道中如果体现不出来，就不会成为新闻的亮点。善于进行社会亮点报道的记者，往往能够盯住“亮处”，围绕“亮处”做文章，因为亮点大都是人们关心的地方，所以，报道也就容易出彩了。

这里，还有两个问题需要注意：第一，一个时期，社会亮点会有多个，不同社会亮点之间，亮的程度也不相同，新闻报道如何进行选择，侧重在什么事情上，也是值得考虑的。第二，社会热点、社会难点与社会亮点三者之间，既有区别，又有联系。特别是社会热点和社会难点，在一定条件下，会转变为社会亮点。我们对这种转化，应予以足够的重视。重视这种转化，就有可能使我们在做社会热点和难点问题的报道时，从更为积极的角度，促进事物朝有利于有益于社会进步、经济发展的方向变化，变争议为统一，变难为易，把事情办好。

“感动自己”与“感动别人”

经常有这样的情况：记者或通讯员写稿子时自己十分激动，甚至流着眼泪写稿子。等稿子交给编辑时，编辑却激动不起来，认为并不感人。有时作者写作时动了感情的报道，读者看报时却感到平平淡淡。

这是怎么回事？是编辑“无情”还是读者“冷漠”？

恐怕别有原因。这里无非有两种情况。

其一，记者、通讯员确实碰到了感染力很强的人物或事物，但记者看到的、听到的东西由于认识水平、写作水平、表达能力等原因，下笔时“变淡了”、“变浅了”、“变小了”，变成了“茶壶煮饺子——有也倒不出来”。

其二，记者、通讯员碰到的人物或事物本身就平平淡淡，没有感人肺腑的力量，但记者、通讯员自己却“看走了眼”，误以为编辑、读者一定也有同感。一般而言，第一种情况较为常见。

对“茶壶煮饺子——有也倒不出来”，有人说是“眼高手低”，有人说是“心到手不到”。不管怎么说，是记者或通讯员不能将看到、听到的东西用生动的语言、巧妙的笔法、恰当的文体如实地介绍给人们，将好的东西“漏掉”了，“流失”了。

“感动自己”重要不重要？重要。当一个记者或通讯员，没有对人民深切的情感不行，做不到爱憎分明不行。从这个意义上讲，遇到感人的人和事，动感情是十分需要的。要想感动别人，首先要感动自己。这句话是千真万确的。许多优秀的作品，在作者下笔时，都是在激动不已的情况下成稿的。有的记者说：“写完了一篇好稿子，躺在床上一夜合不上眼，兴奋得睡不着！”

说“感动自己”重要，不是说“感动自己”与“感动别人”是一回事。实际上，这是两回事儿。自己受了感动不一定就能使别人感动，能不能让别人感动，要看稿子本身，稿子不到位，感人的目的也就达不到。

一篇稿子成功与否，采访功夫深浅、写作功夫深浅是关键。每一个记者、通讯员，在写报道时，要考虑到目的、方法、效果如何统一的问题，感动自己的同时还要考虑如何才能感动别人。

优秀的真正感人的新闻作品，既能感动作者自己，也能感动编辑和读者。这一点，是毫无疑问的。作为作者，要把握好自己的感觉，使自己的感觉与别人的感觉能够取得一种互通，而不是一种隔断的“自我感觉”。

经济新闻写作要有自己的“百宝箱”

一位刚刚走出校门的年轻记者问：做经济报道工作，有没有“案头书”？说实在的，对此过去没有好好想过，经人这么一提醒，真觉得是一个不容忽视的问题。笔者想起了一位在经济报道方面很有成就的同行，他特别善于运用自己多年留意存收的统计资料，一旦获得一个有新闻价值的经济数据，马上就可以把相关的前后左右的“背景数字”运用出来，像“变戏法”一样写出很耐读的报道来，赢得了大家的佩服。在他家中专用的柜子里，存放的是经过分类的“资料夹”，工业、农业、第三产业、建筑、投资、金融、进出口贸易、人民生活，等等方面，条理清楚，翻查方便，简直是个新闻“百宝箱”。许多人知道他很会写经济报道，不仅数量多且质量高，但并不知道他除了勤奋之外，积累资料也帮了他的大忙。

实际上，积累资料同样是件很辛苦的事，不勤奋也是不行的。这一要有辨别能力，知道哪些资料有可存可留的价值；二要不怕麻烦；三要有持之以恒的毅力。做到这三点，才能建立自己的新闻“百宝箱”。

作为记者，《新华字典》、《唐诗》、《宋词》之类的书籍是必备的，也是平常的，算不上真正的“案头书”。真正的“案头书”是与自己的报道工作领域相关的专业书籍和背景资料。比如做经济报道的记者，应该有国家每年公布和出版的统计年鉴及统计公报，应该有全国各地区和各部门的经济发展资料，应该有国内外经济发展比较的资料。总之，“横向”和“纵向”的资料及数据都是需要收集保存的。

经济新闻写作，做到“厚积薄发”的诀窍，就是不断地丰富和充实自己的新闻“百宝箱”，不断补充新的“营养”，不断向“银行”进行“长期存款”，只有这样，记者才能使自己遇事不慌，沉着应战，工作处于主动状态。

知其一便能写出二、三来，是经济报道工作水平高的表现。记者获得一个有新闻价值的报道线索（可能是个经济数据，也可能是个经济现象，甚至是某个经济专家的判断和分析），立即就能将这个报道线索与自己建立的新闻“百宝箱”接通，由“一”而生“二”、“三”……这样写出来的报道，就会高人一筹，就会让人看出深度和厚度。而知一写一，对经济报道来讲，容易给人以肤浅的感觉，宣传效果也往往欠佳。

记者工作是个乐在其中的“苦差事”。做经济报道工作的记者，又要在吃苦方面下更多的功夫。这个功夫，往往要下在平时，即平时的资料积累。这一点，有的记者忽视了，于是就会在“临战时”感到“手头拮据”，写出来的报道浅而无味。我们应该汲取这种教训。

掌握“事后比较”的窍门

很早就想写一篇关于记者如何采写“非独家新闻”的文章，因为一直觉得这是个该做的事情。对不少记者来说，常碰到这样一种情况：几个新闻单位的同行同时面对同一事件、同一会议、同一人物、同一份统计资料，大家争先恐后地都写出了有关报道。这当然是一种新闻竞争，不论是谁，如果慢一拍，别人见了报，自己还没写出来，就无法交待了。现在要探讨的，是在大家都按时写出了报道这个前提下，记者自己如何“同中求异”、“同中求优”。“异”，就是特色、特点；“优”，就是写作质量和报道水平上乘。要做到“同中求异”、“同中求优”，没有一定的基本功是不行的。而要练就一定的基本功，方法之一，是学会“事后比较”。

“事后比较”是一个什么概念？就是记者自己在各报的同一内容报道都见报之后，将同行的作品收集起来，进行认真的比较，看一看自己的报道在哪些地方比人强，哪些地方比人差，重点是学习别人的长处，找到“同中求异”、“同中求优”的诀窍，以便把今后的报道工作做得更好。

之所以为“事后比较”专写一篇文章，是因为两个原因。第一，相当一些记者在自己的报道见报后，不注意“回头看”，不注意进行必要的自我检讨，以为这一页已经翻过去了，不知道总结的益处。第二，一些记者忽视“同稿”的写作，认为反正是大家都写同一内容，写不出什么花样，不会出什么彩，不拿这类报道当回事。正是这样两个原因，使有的记者不仅不会分析自己报道的优劣长短，还无法学到别人的方法和经验。

一个记者，要努力采写“独家新闻”，这是毫无疑问的。但是，由于种种原因，众多同行同时一起采访同一主题报道的机会也是常常碰到的。站在读者的角度，“独家新闻”有读者，“非独家新闻”也有读者。如果是件读者关心的事，他就不会考虑这条新闻是不是哪家的“独家新闻”，而关心最早到手边的报纸上有没有这个报道，报道写得怎么样，说明白了没有，读着有没有味道。

“同稿”里面是有学问的。细心的记者，会通过“知己知彼”的“事后比较”，在业务上不断进步和提高。而“坐井观天”，会使自己看不到差距，找不到改进的方向，自己的新闻业务水平也难以提高。“同稿”实际上是不尽相同的，不仅是刊出的报纸不同，作者不同，主要是写作方法、写作水平、写作特色不同。同一件事，不同的记者去写，新闻作品的质量高低往往差别甚大。为什么会出现这些差别？道理也不复杂，就是记者的素质是有差别的。这个素质，包括了思想素质、业务素质，也包括了勤勉程度方面的素质。“同”中来看“异”，“同”中来比“优”，学问是很大的。

批评报道要注意掌握“证据”

1998年5月14日，《经济日报》刊出了一组批评报道，报道了一位公司事主乘车时被歹徒抢劫去巨额汇票两张需要公告，受理公告的广东普宁市法院多收事主费用的事情。这组报道是典型的“三件套”：一篇消息，题目是《规定只交百元，却要收取两万——广东普宁法院乱收费》；一篇评论，题目是《乱收费者，请吐出来》；两张发票影印件，是盖有普宁市法院总务科公章的收取事主费用的收据。这组报道刊出后，在社会上引起了较大反响，许多读者评价说这个报道抓得好，好就好在报道事实清楚，证据确凿。新闻界同行也说两张“发票影印件”增强了报道的真实性，扩大了报道的冲击力。

这当然是一次成功的报道，发挥了积极的舆论监督作用。这次实践，再一次说明了批评报道“证据意识”的重要。组织和采写批评报道，向来有许多难点，难点之一是被批评一方往往在报道见报后找“麻烦”。找什么“麻烦”？找证据上的麻烦。明明确有其事，被批评者还是要说：“你拿出证据来。”如果没有人证物证，或证据不足，那被批评人就会有恃无恐，胡搅蛮缠，让你处于被动状态。

曾有一次，一位记者在采写一篇批评主管部门干涉企业自主权的报道时，访问了受害企业的领导人，这位企业领导人讲了不少“内幕”。记者满心欢喜地将他谈的主要内容写进了报道里，以为没什么问题。不料，当稿件见报后，企业主管部门把这位企业领导人找去了，畏于权势，这位企业领导人竟然矢口否认向记者介绍过有关情况。记者后悔地说：“当时采访完让他签个字就好了。”这样的例子还有不少。

记者采写批评报道，是不容易的，需要社会各界的鼓励和支持。这是毫无疑问的。但是，作为记者，应该不断总结采写批评报道的正反两方面的经验和教训，强化自己的“证据意识”，使报道建立在牢固的事实基础上，确保立于不败之地。记者有“证据意识”，拿到证据，目的不仅是为了将其直接见报，还是为了“留一手”。在相当多的时候，证据是不公开的，但记者手里有没有证据，效果是大不相同的。证据对被批评者的威慑作用往往超过了证据直接见报本身。你手里有证据，被批评者就不敢来找麻烦，因为他要是来，你就会理直气壮地告诉他：“证据就在这里，要不要公开?”

一些记者采访中忽视查找和保留证据，一是对证据的重要作用认识不够，不知道没有证据的“厉害”；二是为了图省事，觉得多一事不如少一事；三是存有侥幸心理，以为不见得会有人来找麻烦。这几种情况，时常会误事。

批评报道的“证据意识”，对每一个记者来说，很值得提醒和强化。

采写预告性新闻的要点

一般而言，新闻是对已发生的事实的报道。现实新闻工作中，还有另一种情况，就是有时还要采写预告性新闻。这种新闻，实际上是告诉人们，何地何时将发生什么事情。昨天是过去，今天是现在，明天是未来。对人们来讲，不仅想知道已发生的事情，从一定意义上说，人们对未来寄予的希望是最大的。正因为此，读者相当重视阅读预告性新闻。

那么，对记者来说，什么情况下要写预告性新闻呢？归纳起来，大概有以下几种：一是对即将召开的一些会议的报道。对读者来讲，这些会议有关的内容是读者关心的。换句话说，即使会议尚未召开，读者也想知道这个会议在哪里召开，哪一天召开，开到什么时候，会议主题是什么，有哪些议程，什么人会参加会议，等等。二是体育新闻中的赛事预告报道。如某场比赛将于什么时间在什么地点举行，参赛各方的基本情况如何，有关各参赛方的背景资料，等等。三是经济、科技、文化等动态进展和阶段性成果的预告报道，如一条公路将于某时建成通车，如一道拦河大坝将于某时合龙，如一颗刚发射的卫星将于某时进入预定轨道，如一部电影新片将于某时公演，等等。四是国家、地区及部门重大决策和重要政策的公布。这类报道涉及的事情，大多将对人们的生活产生重要影响，一旦公布，立刻会形成某种可能和结果。如银行存贷利率的调整，如某种商品关税税率的升降，如新的职工药费报销办法何时实行，等等。

预告性新闻，除了上述所说，可能还有多种。我们不该对预告性新闻进行范围的限制，事实上也无法作出范围的规定。凡是客观上存在的将会发生的而读者需要知道和想知道的，记者又可以用一定的新闻体裁来报道的事，都能成为预告性新闻的采写对象。

采写预告性新闻，需要注意些什么呢？至少三点。一是注意时间上的准确。对未发生的事情的报道，“提前”的意义之一是告诉读者一个“时点”，即在某一个“时点”将会如何。读者是要看着这个时刻的到来的，是要检验这种“预言”的。时间上的准确是第一位的。二是注意运用相关性的背景资料。如预告某一个将要召开的会议，可以把历次会议的基本情况介绍出来，并与本次会议进行比较，看看这次会议有哪些变化和进展。三是突出一些“注目点”，即力争在报道中涉及到读者比较关心的问题，如预告某一部电影新片将上映，哪个知名演员出演了该片。如预告某个工程将举行竣工典礼，哪位领导人将出席。如一批商品的进口关税将于某年某月某日调整，其中跟人们日常生活有关的商品是哪些，等等。

写预告性新闻，可以找到许多成功的例子。1997 年 10 月 10 日新华社的一则消息就写得很不错。这则消息的题目是《第十届世界石油大会筹备就绪，明日在京隆重开幕》。消息预告了会议举行的日期；透露了有关的情况：88 个国家和地区的 4300 多人注册参加大会，其中有 68 个跨国石油公司的总裁，20 个国家的石油和能源部长；世界石油大会成立于 1933 年，中国是 1979 年加入这个组织的，1993 年 4 月获得了第十五届石油大会的主办权；本届大会的主题是“技术和全球化引导石油工业进入二十一世纪”；大会期间将举行一系列展览；邮电部将在大会开幕之日发行第十五届石油大会邮资封一枚；等等。这样一个消息，虽然是预告性的，但可读的内容仍然很多。这里，相关的背景资料的运用，是恰到好处的。

“疑问叙事式”特写的“特征”

新闻特写这种体裁，对深入现实生活的记者来说，是很常用的。特写的“特”字体现在哪里？打个比方说，好比一个画家，从一大片森林里，找出一棵树，又从一棵树上选一片叶子，用画笔将这片叶子细腻地绘画出来。新闻特写，就是记者将目光集中在某个场景中，选取其中的一个片段，用情景交融的笔调，展示出这里发生的事实。因为这只是一个片段（时间上的片段和空间上的片段），又刻画得特别深刻，往往能给人以极强的印象。

如果从再细一些的分类角度看，新闻特写又分为多个品种。如分为事件特写、会议特写、人物特写，等等。最多的当然是事件特写和人物特写。在事件特写中，又有多种的具体写作形式。比如，白描叙事式，就事说事，把事件本身叙述明白，不加任何评论，主要目的是让读者了解某个事情的前因后果或客观过程；比如，结论叙事式，就事说理，在事件本身叙述明白之后，有一个明确的态度；再比如，疑问叙事式，就事提出问题，不作结论。这后一种疑问叙事式，采写起来下的功夫要更大些。因为就事提出问题，是要经过认真思考和提炼的，不仅是看到了某一件事，还要看到这件事所隐含或反映出的问题，这对记者的要求是比较高的。疑问叙事式特写，在许多情况下，报道所反映问题的意义往往超过了事件本身。《经济日报》1998年5月22日二版记者李茹萍采写的《太原：哪里来的站岗费?》（全文附后）一文，便说明了这一点。这篇特写，现场感很强，有具体描写，有人物对话，文字不长，却从人们已经习以为常的"站岗"现象中提出了令人深思的问题，把一个大大的问号留给了读者，也留给了有关部门。过了不久，这个问号变成了句号，有关部门改正了自己的做法。这篇特写，让我们熟悉了"疑问叙事式"特写的具体特征。当然，我们还可以找到不少这样的例子。

附文：

太原：哪里来的站岗费?

（李茹萍　1998年5月22日　《经济日报》第2版）

如果你是太原市一名司机，就有可能在某一天被管辖你的交通安全委员会和交警队派往某个路口进行义务交通执勤。这就是太原人说的"站岗"。几年来，司机们对每年一次的站岗颇有怨气。

现在，"你不愿站岗也可以，请交100元站岗费，我们雇人替你站，保证驾照照拿"。这是记者在太原采访了几家交安委和司机谁都不否认的事实。不愿站岗的司机纷纷将钱交到各自的交安委，于是太原市大小十字路口便出现了一批替人站岗的妇女、老人及无业人员，手拿小黄旗。近来这一现象引起了太原市民的广泛争议。

太原交警支队办公室胡主任告诉记者，太原站岗始于1989年，初衷是为了弥补警员不足帮助执勤，同时也为了增强司机交通法规意识。然而，现在站岗已非初衷了，变成了部分交安委和一些人的生财之道。

5月19日下午，记者接待了一位姓高的司机，他的驾照是在太原高新技术交安委上的户，他说："不站岗的要交100元。我不想交钱，自己去站岗，去了交警一队门口就有人上来问我要不想站岗，他能替我，站一星期150元"。据调查，站岗费从50元到150元价格不等。

记者来到太原迎泽大街大南门岗，一位站岗者告诉记者："我在这里站岗快一年了，今天是替五一百货公司交安委的一个司机站岗，一星期他付我150元，其实这钱我也不能全拿到，需支付一部分打点费、请客费，来维持我在这里做替身。"

司机该不该站岗，太原市民曾经争得沸沸扬扬，现在"站岗费"又成为人们议论的话题。据了解，目前太原市有驾驶员21万人，如果按每人交100元站岗费计算，那么一年21万人该是多少？这笔钱又被用在哪里呢？

注意抓“公共场所新闻”

1998年5月21日，新华社播出了记者牛爱民采写的现场特写，题目是《北京协和医院收费何其慢》（全文附后）。报道反映了这家医院在为患者服务方面存在的一些不尽如人意的地方。报道写道：“5月19日下午4时多，记者来到协和医院收费大厅，看到9个收费窗口只开了5个。开着的窗口前，均排着六七米长的队。”“记者选中一条最短的队开始排。”“4点50分，窗口内的收费人员喊着要下班赶班车，继续减少收费窗口，到4时57分，记者交完费，后面还有许多人在排队。”“记者估算了一下，6米长的队，排了足足50多分钟。从交费大厅出来时，记者已是筋疲力尽，两腿发软，衣衫已被汗水浸透。不敢想象，老年人、病人交完费后会是什么样子。”

看了这条新闻报道，会给人这样一个印象：记者做到深入生活了；记者就在现实生活的现场；记者与群众是同感同受。

新闻记者，一生要走许多路，要去许多地方，要见识许多人。可以说，新闻无处不在，记者无处不去。哪里有新闻，哪里就有记者的足迹。但就一般而言，在人们集中的地方，新闻也最多。人们最集中的地方之一，是公共场所。在城市里，公共场所是哪些地方？街道、公园和游览景点、邮局、公共汽车及其站点、影剧院、商场、医院、文化广场、旅馆饭店，等等。

这些地方，是群众的主要活动及生活场所，各种社会现象，各种社会问题，各种社会矛盾，各种社会心态，各种社会行为，都在这里呈现出来。不仅如此，群众对公共场所的事也最为关心。在公共场所，社会经济发展与变化，社会进步与文明程度，社会公德，都能体现出来。记者来到公共场所，实际上是进入了一个“新闻场所”。这里，时时刻刻在发生着种种人间故事。这些故事中，有的感人至深，有的令人深思，有的莫明其妙，有的众说不一。正是这些特点，给新闻记者提供了一个施展才智的大舞台。

新闻记者在看待公共场所的态度上，是有差别的。有的记者特别喜欢到公共场所去，善于在公共场所抓社会新闻。有的记者则不常去甚至不大喜欢到公共场所。这里，主要是一个认识问题。公共场所的新闻，往往能“以小见大”：猛一看是个“小问题”、“小现象”、“小矛盾”、“小故事”，细一究其背后又有“大文章”。捕捉公共场所的新闻报道线索，最重要的办法是记者深入生活，亲身到公共场所中走一走，看一看，听一听，体验一下，这样新闻采写的基础就有了。《北京协和医院收费何其慢》这篇文章，写的虽是一个医院的见闻，反映的却是一种普遍现象。这样的报道，会对医院改进工作有所触动，也受群众的欢迎。不论记者所写报道的水平如何，“现场感”这一条就“立住了”。记者来到群众生活中，与群众贴近了，新闻报道也就有生命力了。

附文：

北京协和医院收费何其慢

新华社1998年5月21日电（记者牛爱民）　作为首都著名的大医院，北京协和医院每天有数以千计来自全国各地的患者前来就诊。记者近日在协和医院排队交费时，感到这家医院在为患者服务方面还有一些不尽如人意的地方。

5月19日下午4时多，记者来到协和医院收费大厅，看到9个收费窗口只开了5个。开着的窗口前，均排着六七米长的队。

记者选中一条最短的队开始排。只见排队的人多数都将手里的处方或挂号本当扇子扇。站了一会儿，感到大厅内闷热似蒸笼，可队伍的行进很缓慢，每个排队的人交费需要三四分钟甚至更多的时间。排队的人中大多是老、弱患者，记者的耳旁不停地传来抱怨声。

为什么收费这样慢？记者仔细观察后发现：一是收费人员业务不熟练，计算机操作生疏，同时还不断停下手到药房询问；二是计算机划价收费反应慢；三是收费窗口少，加之没有问询处，许多患者有疑问只能到收费窗口询问，影响了收费操作速度。

4点50分，窗口内的收费人员喊着要下班赶班车，继续减少收费窗口，到4时57分，记者交完费，后面还有许多人在排队。

记者估算了一下，6米长的队，排了足足50多分钟，从交费大厅出来时，记者已经是筋疲力尽，两腿发软，衣衫已被汗水浸透。不敢想象，老年人、病人交完费后会是什么样子。

记者想问，协和医院领导是否了解患者在收费处交费时的感受；医院能否采取措施改善现状，以体现医院为患者服务的真诚？

第三辑

问号答疑

WenHaoDaYi

世上本来并没有路，走的人多了，也便成了路。记者这一行，也本无什么诀窍而言，做得久了，写得多了，便积累起一些经验。说它是些窍门，也未尝不可……

舆论监督的舞台有多大

舆论监督，对一个现代社会来讲，是十分重要的。正确进行舆论监督，对一张报纸来说，是提高信誉和增强可读性的需要。在今天，我们要考虑的最关键的问题，是如何进行舆论监督，如何使舆论监督发挥出积极的作用和影响，如何使舆论监督工作经常化、制度化。做好这项工作，要把握好舆论监督的着力点，更要准确找到舆论监督的领域。

根据这些年的实践，舆论监督的领域，大体上在以下几个方面：

一、党和政府的方针政策，在各地、各部门、各单位的贯彻中在谁那里走了样，变了味？

二、国家的各项法规在执行中哪里没有得到真正的落实？具体的表现是什么？

三、在新旧体制交替过程中，旧的制约管不了而新的制约还没有到位，从而给不良行为提供了空子的地方。

四、社会上的各种不道德和不文明的言行，各种个人利益和小团体利益损坏了社会整体利益的人和事。

五、腐败现象和腐败行为，各种不正之风，权力部门的人员的廉政情况。

六、各地、各部门工作中的种种决策和措施方面的失误。

以上六个方面，基本概括了我们进行舆论监督的领域，这实际上是一个很大的舞台。在这个舞台上，可做的文章是相当不少的。在做这类文章的时候，我们一定要有积极的建设意识。批评一些人和事，目的是什么？首先，通过让假恶丑见太阳，使大家更觉真善美的光彩夺目。第二，让做错事的人知道自己行为的危害，悬崖勒马。第三，使更多的人受到教育，引以为戒。要达到这些效果，还必须把握恰当的时机，有一定的批评的艺术，讲究批评的方式方法。比如，我们常遇到的一个情况：批评某人某事，在某一个时期社会效果就好一些，在另一个时期社会效果就差一些。比如，对一些地区和部门工作中的非故意造成的失误及损失，在批评的时候，就要客观公正，实事求是，主要是帮助对失误的原因进行分析，使其他地区和部门引以为训，得到借鉴。而不能“一棍子打死”。再比如，对一些不良社会现象的出现，在报道和揭露的时候，就要考虑社会效果，要多从如何治理和净化的角度下功夫，让大家看到批评的积极效果。

舆论监督的舞台如此之大，我们做得怎么样呢？实际上，在许多领域，该批评的人和事我们还没有发挥出应有的作用，有的问题即使已经触及到了，批评的力度还是很不够的。这也说明我们新闻报道中需要进一步改进的地方是很多的。要弘扬正气，就要抓两手，一手表扬先进，赞颂真善美；一手批评落后，鞭笞假恶丑。抓了这两个方面，新闻报道的作用就得到了全面的发挥，就会对社会进步和发展作出更大的贡献。

这里，我们不妨举一个例子。减轻农民负担，是党中央、国务院反复强调的，而在一些地方落实得并不够。新华社 1998 年 5 月 30 日播发了记者李仁虎、葛如江的一篇报道，深刻地揭示了问题的严重性。这篇报道的标题是《欺上压下，阳奉阴违——张桥村农民负担有两本账》（全文附后）。从报道中，人们可以看出国家的政策在一些地方是怎样“走了样”的。这也看出了记者发挥舆论监督作用的舞台是很广阔的。事实上，许多好政策落实执行中都有“打折扣”的情况。在这方面的报道，记者真正深入实际、深入生活、深入群众，就有写不完的题目。

附文：

欺上压下，阳奉阴违

——张桥村农民负担有两本账

新华社合肥1998年5月30日电（记者李仁虎 葛如江）近日，记者来到安徽省固镇县唐南乡张桥村小张村民组采访，村民们纷纷拿出他们的负担监督卡和一张白纸条收据，气愤地说，咱村村民负担有两本账，一本收得少，是假账，专门对付上级检查用的；另一本收得多，是真账，专门对付咱群众用的。

村民张加玉从家里拿出1996年和1997年的负担监督卡和白纸条。1996年的监督卡上写着：张加玉家5口人、2个劳力，承包12.65亩耕地，上年人均纯收入为1246元，本年乡村提留统筹396元，其中村提留207元，乡统筹189元，农业税246元，税费合计660元，三提五统是上年人均纯收入的6.1%。但这一年实际上缴的是：提留1187.5元、扒河费50元，合计1237.49元，各种提留和费用是上年人均纯收入的19.8%，两者相差13.7个百分点。1997年张加玉监督卡上的三提五统是414.03元，但实缴的却是1510.05元，其构成也与上年不一样，其中提留1465.05元、农机税45元，真假提留和费用分别是上年人均纯收入1325元的7%和22.7%，两者相差15.7个百分点。

小张村民组有142户、750口人，是个纯农业村，由于地处淮河岸边地势较低，多受涝灾，村民生活较为贫困。记者一连走了数家，也没有发现像样的房屋和摆设，许多农户连黑白电视机也没有，但多数村干部家里却有冰箱或彩电，有的住的还是高屋大院。村民们说，咱村的干部欺上压下，财务不公开，多吃多占。记者就此事采访了村党支部书记张店凤，他坚决否认村民负担有两本账。当记者拿出两本账的证据时，这位书记却默而不语。

“一线”的报道怎样多起来

有人说：“会炒材料的记者也是有本事的。”这话有道理，但并不全面。当记者的抓报道，原则是要有新闻。新闻的来源，一是记者从亲身感受的现实生活中发现的，耳闻目睹得来的；二是从其他渠道获得的，如听他人说的，从各种各样的材料里看到的，等等。有新闻价值的材料，是任何记者都不应忽视的。这一点我们必须认识清楚。

但是，作为记者，不能整天被材料缠住了，不能离了材料不写稿，更不能把一些没有新闻价值的材料人为“炒”成所谓的“新闻”。版面上的“前不久”、“最近”、“一个时期以来”之类词句就是这样产生的。

值得注意的一种情况是：一些记者长年累月不到社会经济生活的“一线”去，不到人民群众中去，大部分时间坐在办公室里“炒材料”。什么叫“炒材料”？就是根据新闻发布会或有关部门寄来的统计资料、情况汇报写稿子，虽然也用“据悉”、“据透露”、“据有关人士介绍”、“据分析”这类“新闻术语”，但相当一部分稿子中往往又没有多少“新闻”，看上去这些稿子也还勉强可用，但如果这类东西在报纸上太多了，报纸的可读性就大大弱化了。不仅如此，这类稿件频频刊用，会给记者一个错误的信号：这类稿子就是新闻。

我们说，必要的“炒材料”是允许的，版面对有新闻价值的“材料稿”也是要保证的。从比例上讲，有新闻价值的“材料稿”和直接来自“一线”生活的“鲜活稿”，前者应该少些，后者应该多些。版面上多用“鲜活稿”，就会给记者一个明确的信号：请深入生活，到群众中去，到基层去。记者一旦深入下去了，就会发现大量的新闻线索，就会有写不完的新闻报道。这些报道往往有人有事，有根有据，有情有景，有起有伏，有曲折有故事，读者怎么不爱看？

1998年5月31日，新华社记者张俊成发表了一篇题为《一位下岗工人的账簿》的报道，给人的印象是：记者确实就在群众生活中（全文附后）。

采用什么稿件，也有一个引导政策问题。对记者来讲，是非常关注稿件采用“风向”的。一个时期上什么稿件，刊登在报刊的什么位置，给多大“地盘”，都在说明编辑对稿件取舍的态度。如果版面向来自“一线”的稿子倾斜，凡是来自“一线”的报道都能安排在突出位置，比如安排在重要版位，予以保障。那么，深入生活的记者就会得到鼓舞，而不深入生活的记者就会从中看到教训，良好的引导记者深入生活的新闻采写机制就容易形成了。从版面看，特别欢迎来自“一线”的报道。目前是缺少这类报道，需要大家“大抓”。

《一位下岗工人的账簿》一文，头一段便写道：“一间9平方米的小屋，两张床叠架起来，上面是十多岁的女儿的空间，一台14英寸电视。这几乎是李国辉和刘静夫妇的全部家当。”接着，记者便引出了报道的主题：下岗后，夫妇俩从事个体经营有本流水账簿。报道反映了夫妇俩下岗后的创业艰辛、生活目标及追求。记者写道：“透过这些密密麻麻的数字，下岗工人那种面对坎坷生活，坚韧不屈的精神，跃然于眼前。”

附文：

一个下岗工人的账簿

新华社天津1998年5月31日电（记者张俊成）　一间9平方米的小屋，两张床叠架起来，上面是十多岁的女儿的空间，一台14英寸电视。这几乎是李国辉和刘静夫妇的全部家当。其中一份家当在他们心里分量最重，这就是他们先后下岗后从事个体经营的那本流水账簿。

在天津市河东区新开路华兴街黄家胡同3号院的这间小平房里，李国辉把这本账簿捧到记者面前。这是一本小学生用的普通的习字本，上面工工整整记录着从1993年8月到1997年7月四年间，夫妇二人的经营账。透过这些密密麻麻的数字，下岗工人那种面对坎坷生活，坚韧不屈的精神，跃然于眼前。

36岁的李国辉与刘静同是天津针织厂的工人。1991年刘静下岗，4年后李国辉也下岗。1992年5月16日，刘静从姐姐家里借了500元钱，买了一只纸箱，又从针织厂买了一些背心、短裤，开始到市场上摆摊。刘静说："刚开始干的时候，提心吊胆，恐怕赔钱，但丈夫支持，亲友鼓励，就连市场中的工商、税务和市场管理员都很帮忙，时间一长，心里就越干越有底儿。"曾在厂里担任仓库保管员的李国辉是个有心人，他把妻子每天的经营成果细心地记在一个小本子上，他说："这本账，我们隔一阵子就翻开看看，看一回，心里就添了一股劲儿。"

记者从账簿里看到，刘静1994年的销售额253557.6元，1995年212315.16元，1996年158587.73元，1997年1月到7月6日的销售额是72500元。李国辉自豪地告诉记者："这都是刘静一个人干出来的。刚开始是用自行车驮货，后来买了一辆大三轮。每天天不亮她就要起床，天黑才回家，苦是苦些，但心里充实。"从这本账上看，刘静的销售额在逐年下降。对此她说："现在下岗的多了，市场上的竞争也更厉害了。好在自己早干了几年，经验多些。收入比在工厂时还是要好一些。"谈起这些，刘静的脸上始终笑眯眯的，不见一丝愁容。谈到今后的打算，李国辉显得十分腼腆："我有两个心愿，近的是用这几年的积蓄买套一楼的住房，办一个小洗染店；远的是培养我的女儿上大学，读研究生。"

编辑的眼睛为什么会发亮

作为编辑，对稿子的判断，有两种可能。一种是“不识货”，一种是“伯乐眼”。“不识货”的编辑，会把好稿子“枪毙”掉，会将没有价值的稿子和有问题的稿子发到版面上去。而有“伯乐眼”的编辑，则善于进行辨别，对稿子的质量关把得比较好，“重用”、“轻用”、“缓用”、“不用”，等等情况，掌握得比较恰当和准确。

这里，我们是按“伯乐眼”的情况来考虑问题的。也就是说，是按一般的正常的情况，来研究为什么编辑对不同的稿子会有不同的态度。

编辑在阅改稿子时，是怀有一种期待心情的。任何一位编辑，都希望看到有新闻价值的精彩动人的高质量的稿件。遇到精品，编辑的心情是会激动的，眼睛是会发亮的，会急于把稿子编出来，力争早日见诸报端。

那么，让编辑眼睛发亮的是些什么稿子呢？

这里，会有几种情况：

第一，稿子“新”。这就是说，你抓住了令人耳目一新的引人注目的东西，反映了新事物，新情况，新问题，新现象，新动向，新趋势。当别人看了你的报道后，会说：瞧瞧，真有新闻敏感，手脚真快。例如新华社 1998 年 5 月 31 日播发的《沈阳火车开进植物园》一文，就是“以新取胜”的典型（全文附后）。这篇报道，标题就很吸引人，人们自然要往下读，探寻个究竟。

第二，稿子“活”。这就是说，你抓住了活蹦乱跳的东西，不是死板的，不是静止的，不是让人感觉不到的，一看就是从生活激流中刚刚“捞”上来的。拿着这样的稿子，人马上会产生这样的想法：赶快上版吧，别叫它不新鲜了。例如《人民日报》1998年6月2日二版由王晋泉、刘玉功采写的《收割机坐“专列”》一文（全文附后）。这篇只有几百字的报道，多处使用了人物对话。南下河南承包收割麦子的山西晋中农民，与铁路部门打交道，要托送收割机，办成办不成呢？一番生动的对话，使事情有了眉目。报道可读性较强。

第三，稿子“深”。这就是说，你提出了别人还没有想到或者想到了但想得不透不全面不准确的观点和看法。别人读了这篇稿子，会觉得思想上很有收获，受到了启发，得到了借鉴，感到是一把思想认识上攀高望远的“梯子”。例如1998年5月《经济日报》推出的“给营口号号脉”系列报道（附该套报道第一篇《营口你为何落伍了》）。这套报道，以“深”见长，从改革开放20年间营口的“先行”到“后进”，提示了思想观念对经济发展和社会进步的深刻影响，提出了一个值得东北地区乃至全国各地都要考虑的问题：解放思想，是一个不断推进的过程，不是一劳永逸的事情。

一篇报道，如果要让编辑看中，首先是稿子要好。如果有了“新”、“活”、“深”这三方面其中的一点，就会让编辑眼睛发亮。俗话说“一俊遮百丑”，讲的就是这个道理。如果三方面兼而有之，那结果当然是编辑的眼睛大放光彩，会对你的稿子“厚爱有加”。一般情况，编辑是很公正的，编辑的挑剔，是为了对报纸和读者负责。

有些记者，总希望编辑能“高抬贵手”，总是说自己写了这篇稿子花了多少时间，费了多大力气，是多么的不容易。编辑，一边连着记者，一边连着读者，是一个十分重要的中间环节。有人形容说，编辑是一座桥梁，要让高质量的稿子通过，要将低质量的稿子拦住。编辑用不用稿也有一个客观标准，如果一个编辑用稿随心所欲，没有原则，不讲质量，那他的编辑岗位是坐不久的。

总而言之，作为记者，每写一篇稿子，都要自己用“新”、“活”、“深”这三把“尺子”量一量，缺一不要紧，缺二尚可，缺三就不行了。与“新”、“活”、“深”这三个字不沾边的东西，是没有新闻价值的。

附文一：

沈阳火车开进植物园

新华社沈阳1998年5月31日电（孟军　庞蔷华）　5月28日，沈阳传出一条新闻——火车开进了植物园。28日9点31分，由沈阳开往抚顺的“环3”次快车，平稳地停靠在沈阳植物园内新建的站台边。从车上走下800多名沈阳外贸学校的师生，他们欢快地奔向园内各个景点。校长康英铨高兴地对记者说：植物园是沈阳市一大景观，过去全校师生都是乘汽车来春游，今天植物园通了火车，我们是首批乘火车来的游客，很是幸运。乘火车来植物园，既省钱，又方便，过去乘汽车往返车费10元，要走40多分钟，现在乘火车只花6元，20分钟就到了。铁路在旅游点开设一个停车点，是件很得民心的大好事。

人们都说好事多磨，可是这件好事办得却很顺利。沈阳植物园位于沈阳东郊25公里处，占地近3000亩，园内引种上千种我国北温带地区和国外有观赏价值的植物，1993年正式对外开放，年游客量达百万人次。如今，日游客量达万余人，高峰期达3万人，植物园逐渐成为沈阳及其周边城市的重点旅游区。可是远离市区公路交通不便，沈阳至抚顺的铁路线穿园而过，却没有停车站，由于受交通条件的影响，限制了植物园的发展。

正当植物园领导为如何增加游客交通设施犯愁时，铁路部门主动找上门来。5月20日，沈铁分局副局长侯新尧带领一班人来到植物园，同植物园主任刘延江商量建站事宜，两家一拍即合，在半小时之内就定了下来：植物园负责建停车站（铁路叫乘降所），铁路负责车次安排和站务管理。仅一周时间，200米长、2.5米宽的站台建成了，28日上午9时举行了通车庆典。

附文二：

收割机坐“专列”

（王晋泉　刘玉功　1998年6月2日《人民日报》第2版）

近日，山西晋中地区的600台联合收割机安然地“酣睡”在铁路开行的支农专列上，直奔中原大地，去参加一年一度的麦收会战。进入5月份，晋中地区介休、平遥等县市近几年尝到收割机“甜头”的农民在自家的院落里，又开始忙碌着收拾机具，准备南下河南确山一带承包收割麦子。

“怎么走？是咱们开着去还是想别的招？”这些机手们在一起商量着。他们知道，往年在公路上行走，昼夜兼程，不仅费机耗油，还很不安全，况且去晚了，错过“龙口夺食”季节，岂不又像去年一样，一大群机队白跑一趟！正当大伙犯愁时，临汾铁路分局介休火车站货源开发小组同志们闻讯赶到了村子。

“农民老大哥，让收割机也‘享受’一回，坐火车行不行？”机手们疑惑地望着这些向来以“铁老大”自居的人们，一时不知如何是好。此时，一位机手试探地问道：“运费和时间能够满足我们的要求吗?”这一信息迅速通过电话传给了分局客货营销指挥中心，主管负责人当即拍板：“运价优惠，全力满足农民需求，确保联合收割机及时运到，这是关系铁路运输企业形象的大事。”随即，调度部门抓紧组织车皮，车站立即腾出货位组织上站。5月8日，第一列装载收割机的专列从介休站顺利开出，5月19日又开出了第四列……

此时，憨厚的农民们，掰着手指一算，不光安全，时间也比往年快了一个星期；铁路降低了运费，花的费用比以往在公路上走还便宜呢。

附文三：

营口你为何落伍了

（薛晓峰　李巍　李天斌　1998年5月29日　《经济日报》第1版）

曾经是辽宁改革开放“排头兵”的营口，近年来却步步落后。

改革开放初期，营口曾跃上“波峰”，全市综合经济实力在全省14个地市中排到前六七位。但近年来，营口渐渐跌入“浪谷”，“一步一步往回缩”，又退回到以前的10位左右。

营口人看统计报表时的说法是：好看的数字齐刷刷往后退，不好看的数字一排排往前蹦，营口的地位连车牌号都不如了（营口车牌号为辽“H”），咱营口可不该是这个样子啊！

本不该落后的营口，为何落后？曾走向前列的营口，为何落后？

让我们也一起走进营口发展的历史轨迹，为营口“号号脉”。

（一）

营口的辉煌起始于改革开放之初的早春时节。亲历过营口兴衰的营口市科委主任邵培刚回忆说，春江水暖，营口先知，营口抓住了历史机遇，在填补国家空白上大做文章。那几年项目多、起点高、上马快、创牌快，营口的城市形象得以迅速提升。

营口是我国最早的家电城之一。“友谊”牌洗衣机是全行业的“长子”，80年代末生产能力已达年产近100万台。“天工”牌电视、“东芝”牌收录机、“辽河”牌冰箱都盛极一时。“辽河”牌冰箱与“容声”虽同年创牌，但它的初期投入却比“容声”多10倍。日本的“连体卫生间”刚刚起步，营口也已闻风而动，而当时许多人还不知卫生间里也蕴藏着巨大的商机。

营口还是最先形成气候的轻纺城市之一。亚洲最大的织袜城、亚洲最大的锦纶生产基地都坐落在营口，“犀牛”牌运动衫、“大福”牌宽幅布也曾享誉全国。“幸福”牌钢琴的琴声更响彻海内外。难怪当时营口人都自豪地说：“凡是家用产品，俺们营口都应有尽有，而且在全国都数一数二。”

“营口改革开放初期的辉煌，得益于营口的思想解放风气之先”，营口市委秘书长张其祥充满自豪。那些年营口先知先觉，闻风而动，“打开闸门，开放营口”，使其成为辽宁乃至东北地区的“排头兵”。“友谊”牌洗衣机曾创下当年引进、当年投产、当年受益的“营口速度”，它与日本“松下”的技术合作创造了“营口方式”。“天工”牌电视和“东芝”录音机来料加工的引进方式，成为以后各地一度竞相效仿的“借船出海”成功经验。

精神变物质，观念创效益。1988年营口工业生产总值与地方财政收入在全省的位次由当初的第十位分别提升到第七位、第六位。

（二）

“我们营口当时的‘五朵金花’，都是‘小盆景’，长不大，活不长”。营口市计委主任扬维祝抚今追昔感叹道。

“五朵金花”指的是营口前些年的几个名牌，而今有的萎缩，有的凋谢，有的已销声匿迹。

“友谊”洗衣机萎缩了——进入90年代企业出现亏损，产品无故障试验中1000个程序就有200个程序出了毛病，市场销售由“排队买”变成“排队退”。不得已于去年与“小天鹅”定牌合作生产，但时仅一年就告吹。现在又与“澳柯玛”合资。

“辽河”牌冰箱倒牌了——现营冷（集团）公司总经理盛东升1992年奉调进厂时，企业亏损已近亿元，资产负债率为149%，产品胀库。目前“辽河”冰箱已经“注销户口”，与广东科龙合资生产“容声”。

“天工”牌电视、营口产“东芝”牌收录机已不见踪迹……

支撑营口经济的支柱纷纷坍塌，营口落伍的困境日益显现：

——全市财政吃饭难保，仅市委办公室外欠资金200万，外经贸委外欠100万，如此经济状况，招商引资怎不困难重重?

——营口市城市建设资金只有3000万元，除去人头费仅剩300万，“只够地上种小草、马路上打补丁”，近年来，营口市政建设未有大改观；

——营口老百姓的生活水平在下降，全市房租只能收回50%，一些单位冬天暖气烧不到15℃，呆在家里也要裹大衣；

——在辽宁45家上市公司的盘子里，没有营口的一席之地，甚至比不上1985年“分家自立”的盘锦市；

——全市预算内中小国有企业已整体资不抵债，有的负债率高达800%；

——营口职工人均实际收入已退居全省倒数第二，一些职工最低生活要求也出现问题。

营口人将这个城市改革开放20年的经历，划分为潮起潮落三部曲。那么，一度跃上潮头的营口，为何跌入谷底?

“新闻脑”为什么不能“闲”

记者是普通人，有着普通人的生活，普通人的喜忧，普通人的思想。但是，职业的特点，又要求记者具有并不普通的“新闻脑”：别人在做一件事，记者看见了，马上要考虑，这事能不能报道？别人看到一种现象，只是知道了而已，而记者却在想，这是怎么回事？一件事发生很久，别人都忘记了，记者还老惦记着，总在琢磨这事里面究竟有什么问题？……

记者工作，是个累人的职业。做这种职业的人，不止是要走许多的路，要少睡许多的觉，要写许多的文字，要流许多的汗，还包括了要进行殚精竭虑的思考。

“新闻脑”几乎是一台机器，一台不停转动的机器，但并不是所有记者都拥有这台机器。善于思考的记者，拥有这台机器；不善于思考的记者，不拥有这台机器。

在编辑部里，常听到这样的评价：“这个记者没头脑”，“这个记者不动脑子”，“这个记者是个死脑筋”。为什么有这种评价？大概是因为，这样的记者所写的报道，要么“不到位”，要么“偏了”，要么“拧了”，要么“主题含糊”，要么“不知所云”。

掌握准确的报道线索，是记者完成采写工作的重要一步。报道线索的来源，不外乎是自己听到、见到、感觉到的，别人告诉的，等等。所有这些线索，又必须经过记者思考、判断，要变成科学可行的线索，避免盲目性、无效性。掌握准确的报道线索，为深入采访打下了基础。采访工作，同样需要动脑筋，比如采访的“侧重点”，比如采访的“切入点”，比如采访的范围大小和采访的时间长短，等等方面，均需要记者进行周密的考虑。采访工作完成后，写作工作更要求记者从报道的思想上进行必要的“加工”。新闻作品，是事实准确的作品，这一点是肯定的。但是，成功的新闻作品，又必定是有思想深度的作品。记者的功底深浅，往往会从作品思想性的差别中体现出来。

记者的新闻脑，时常有三种状态。一是满负荷运转状态。二是半负荷运转状态。三是闲置状态。善于动脑子的记者，时时刻刻处于敏锐状态，对耳闻目睹的一切，产生出一种快速反应，不会放过任何有价值的新闻线索及报道机遇。而另外一些记者，则不善于动脑子，有时会放过一些有利的机会，漏掉一些有价值的报道线索。还有一些记者，根本不会开动脑子，除了别人给题目，自己一点主动性都没有，脑子是闲置不用的。“螺丝钉”在一个地方固定久了，会生锈。人的大脑闲久了，会“停转”。有的记者“等题目”、“等会议通知”、“等领导布置”，时间长了，自己的“脑筋”处于“被动状态”，一年两年，慢慢对外界的敏感就没有了。“脑闲”的人，“脚勤”、“手勤”就很难做到了。只有“脑勤”才能“脚勤”、“手勤”，且勤得见效，勤得事业有成。现实工作中，优秀的记者，都做到了“脑勤”、“脚勤”、“手勤”的“三结合”，其中“脑勤”是关键。“新闻脑”决不可一日“停转”，决不可一日“闲”下来。

新闻写作如何做到“举重若轻”

新闻写作，是借用文字表达新闻事实的过程。这中间，有的人借用了“一马车”的文字，表达出“一箩筐”的新闻事实；有的人只借用“一箩筐”的文字，就表达出“一马车”的新闻事实；有的人把简单的事情用“兜圈子”的表达方式把读者弄糊涂了；有的人把复杂的事情用简洁的文字表述清楚了；……新闻写作，“拖泥带水”不是本事，“化简为繁”不是本事，真正的行家里手，则能够“举重若轻”，“化繁为简”。

“举重若轻”的道理，对新闻工作者来说，是需要通过实践来加深认识和理解的。从一定意义上讲，这里体现的是记者的思想水平和对事物认识的深度。只有记者自己对所报道的事物“心中有数”了，对事物的各个层面看清楚了，对事物的前因后果弄明白了，才会在下笔时做到“抓住本质”、“恰当无误”。所谓“抓住本质”，指的是反映事物的内在东西，而不是“表皮”。如写一项建筑工程不只是讲投资多少，施工多久，占地面积多大，关键要讲建成后的作用和意义。再如写一个人物，不只是要写他昨天做了什么，说了什么，今天做了什么，说了什么，更重要的是要反映出人物的内心世界，让读者的心灵通过记者的笔与所报道人物的心灵进行“撞击”，产生出一定程度的“共鸣”。所谓“恰当无误”，指的是“恰到好处”、“准确无误”。记者知道的东西多了，就会较全面地看问题，“片面性”就会减少，更会考虑“综合效应”，而从记者、读者、被报道方面等不同角度去“掂量”如何落笔。这时候，客观准确也较容易做到了，失实失真也就会避免了。

其次，“举重若轻”还体现出记者驾驭文字语言的能力和水平。这里，好比过河造船。对能工巧匠来说，可以造出船体轻盈而能负重快行的船只；对拙工笨匠来说，可能会造出笨重、载货量少、行进缓慢的船只。船只是运送货物的工具，新闻文字语言是表达新闻事实的工具。一个记者，如果文字造诣比较深，善于运用语言，就会在报道中做到言简意赅，让读者看得懂，看得明白。从这个意义上讲，“大白话”的水平并不低，会讲“大白话”的记者是有水平的记者。“新闻就是跟老百姓讲大白话”，有人这么概括。笔者是很赞成这个说法的。“大白话”，如“粗茶淡饭”，是属于原本的东西。“大白话”往往是“大实话”。“大白话”里往往有“大道理”。

“举重若轻”，是有实力的表现。什么实力？记者知识水平、采写功底等方面的实力。这好比赛场上的举重运动员，有实力的看重似轻，没实力的举轻若重。记者工作虽然不同于举重运动员，但道理上都是相通的。有人说，“最简单的事情，其实最复杂”。这话听起来似乎不通，想一想又深不可测。能将复杂的事情变简单，实在是不简单。高水平的医生开出来的“方子”，不一定就是什么名贵的药品，然而确实疗效明显。“举重若轻”，是来之不易的。每一个新闻记者，都应注意在新闻采写实践中，培养自己这方面的能力。

新闻作品的“原汁原味”哪里去了

“原汁原味”，是饮食业中的一句术语，引申到新闻作品的评价上，“原汁原味”的含义，是指新闻作品要有鲜活的生活气息：写事，活灵活现，让人读了觉得那事好像就在现场；写人，有血有肉，有情有感，让人读了觉得那人好像就在眼前。

“原汁原味”问题的提出，是有一定现实意义的。一个时期以来，有些新闻作品，由于记者没有深入生活，报道是泡会议和靠材料写出来的，所以缺乏生活气息，死板生硬，套话连篇，难以受到读者的欢迎。这种情况，引起了大家的注意，改进作风和改进文风的呼声渐高，“原汁原味”问题就提出来了。

新闻作品的“原汁原味”，指的是什么？是不是记者把采访中的耳闻目睹的一切东西，被采访对象的所有原话，不加任何区分，不分轻重，不论粗细，一股脑儿地搬进稿子里就叫有“原汁原味”？恐怕不是。新闻作品的“原汁原味”，从根本上说，是强调新闻作品的生活基础，通过基本的新闻事实，突出表现新闻的现场感、真实感、亲切感，让人觉得新闻可信可近。

现在有一些新闻作品之所以缺乏“原汁原味”的东西，有四种可能的原因：

——记者没有深入生活，根本没有接触到“原汁原味”的东西；

——记者深入生活了，但由于功夫不够，没有获取到“原汁原味”的东西；

——记者获取到了“原汁原味”的东西，但在写作中给“漏掉”了；

——记者写出来了“原汁原味”的东西，但被编辑删掉了。

记者不到现场，没有深入生活，不知道“原汁原味”的东西在哪里不行；记者到现场，对“原汁原味”的东西视而不见，“有眼不识泰山”不行；记者发现了“原汁原味”的东西，也记到采访本子上，但没有写进报道中也不行；记者将“原汁原味”的东西写进报道里了，又被编辑删掉了还不行。如此看来，“原汁原味”的东西要与读者见面还真不容易，需要经历“过五关斩六将”的过程。

解决新闻作品“原汁原味”东西少的问题，需要从两方面入手。一是记者要改进作风和文风。从作风上讲，就是解决深入生活的问题，要与生活与群众与实际“面对面”而不是“背靠背”。二是编辑要“高抬贵手”，用“文不求同”的眼光看待新闻作品，千万不要在改稿的时候，把鲜活的生动的东西给“砍掉”了，力争保留新闻作品的独特风格。从一定意义上说，只有“原汁原味”的东西，才能使一件新闻作品与其他新闻作品区别开来，才能使一件新闻作品呈现出“异彩”来。现在一些新闻作品“雷同”，看上去都有“似曾相识”的感觉，说到根本上，就是因为这些新闻作品缺少“原汁原味”的东西。

“水桶”里的“水”少了怎么办

语文老师每天上课眼睛总是红肿着。他的一个学生问道：“你晚上没睡好觉吗?”老师回答说：“晚上要备课。”学生又问：“讲课有课本，为什么要花这么多时间备课?”老师笑了笑，温和地对学生说：“这个道理你长大就懂了。打个比方，如果将一瓢水倒进桶里，再用瓢去舀水，能舀出一满瓢水吗?”学生摇了摇头。老师又说：“如果将桶里装满水，里面有比一瓢水不知多多少倍的水，然后再用一个瓢去舀水，会怎么样？会很容易舀出一满瓢的水。”

老师告诉他的学生：“当老师的，没有一满桶的水，是不敢登上讲台的。”

这是笔者上小学时的一段经历，问老师问题的学生就是笔者。

岁月悠悠。悠悠岁月。

参加新闻工作后，笔者总念念不忘这个关于“一桶水”和“一瓢水”的对话，往日的一切，仍然历历在目。

写新闻，也有个“一桶水”和“一瓢水”的关系问题。

我们可以想想这么几个问题：为什么有的记者写出来的报道令人“看不明白”？为什么有的记者写出来的报道总给人一种“不到位”的感觉？为什么“外行话”经常出现在一些报道中？

我们还可以问更多的"为什么"。如果要分析其中的原因，诸多原因中肯定会有一条：记者知道的东西、掌握的东西少，"拿"不出那么多东西给广大读者。正因为此，就出现了"看不明白"、"不到位"、"外行话"的问题。

这种情况，使人想到了"深入浅出"和"厚积薄发"八个字。

"深入"，讲的是记者真的"吃透"了，弄"明白"了，看"清楚"了，知"实情"了。"浅出"，讲的是记者能用通俗易懂的语言和表达方式，很轻松、生动地把事情"告诉"、"介绍"给广大读者了。只有"深入"了之后才能做到这样的"浅出"。

"厚积"，就是有"实力"，有"存货"，而"薄发"才能有后劲、有功力。

新闻记者，须早起、早醒、早知，只有知道得早，知道得快，知道得多，才能胜任这项工作，而"一知半解"、"似懂非懂"就会"误事"。

"一桶水"是非常必要的。而"水"就在火热的生活中，在大千世界里，在历史的长河里，在科学和知识的海洋里。

"深入"，要踏实努力；"厚积"，要勤奋好学。

"深水不响，响水不深"。有经验的过河人都知道这个道理。新闻工作者，一生都是生活在人民中的学生，一生要不停地丰富自己，一边一瓢瓢地向外舀水，一边要不断地补充水源，永远保持一定的"蓄水量"。

经常注意一下"水桶"里的"水位"吧！我们要每时每刻提醒自己。

新闻业务的“下坡路”会在哪儿

许多从事新闻工作的同志，在刚开始几年或十几年间，进步很快，业务上也逐步成熟了。但是，再后来便觉得走不动了，不仅自己觉着没什么大的提高，别人讲的也是昨日的辉煌了。

新闻业务，对每个新闻工作者来讲，不论当编辑，还是当记者，都是十分重要的。新闻业务水平不高、不精、不熟练，就无法胜任新闻采编工作。这个道理大家都懂得。所以，每当年轻的同志进入新闻单位，老同志总会叮咛一番：“抓紧时间苦练业务基本功，争取早日成为行家里手呀！”一般来讲，在最初的业务学习和实践中，人是极易进步的。原因有三：第一，这时候人懂得少，很虚心，知道不学习不行。第二，脑子里空白点比较多，外来的新东西很容易装进去。第三，基础差，给工作带来不少困难和压力，不抓紧时间学习提高，工作就“拿不起来”。

在经历了最初的业务学习和实践后，人已掌握了一些“武艺”，“三拳两脚”的事已能“摆弄”了，这时会出现三种情况。一是不满足于已取得的进步，清楚地知道自己离高水平要求距离还很远，懂得新闻业务一辈子钻研仍难达精通程度的道理，不骄不躁，继续努力，业务上仍能一天天长进，一天天提高。二是业务上有了一定的基础，虽然对自己没有再提出更多、更高要求，但业务上人还很勤奋，很踏实，能够保持一种平稳状态。三是业务上稍有基础便自傲自满起来，觉得新闻不过如此，没什么大学问，掌握的这些“招术”足够用了，不但不再进取，反而连走“平路”都做不到了。三种情况，现实中都能反映出来。“行百里者半九十”这句老话说得很见深度。

那么，做新闻工作，人什么时候开始走“下坡路”？有经验的新闻前辈说：就是在有了一定成绩，受到了一些好评，已越过了一定高度的“山峰”之后，人一松懈，便不思再去谋求攀登更高的“山峰”了，走“下坡路”的事便很容易发生了。比如写稿子，写成写不成，写好写不好，人和人之间差别极大。生活中同一件事情发生了，不同的记者来写，写出来的报道水平可能差距甚大。高水平的记者，不仅能准确地反映新闻事实，还能在报道中体现出新闻报道的艺术来，能让读者觉得可信、可亲、可读；而低水平的记者，不仅不能准确地反映新闻事实本身，还会使新闻报道枯燥无味，缺乏可读性，甚至让人觉得新闻报道可信度不够。

“我会写稿子啦!”这句话说起来容易，但细推论起来，“会”是什么概念呢？“会”字里含有多少“级差”呢？“会”的标准又有多少种可能呢？同样，将别人写的稿子改几个字，就说自己会编稿子了，也很容易步入“自满”的误区。一位作家说：“人要做到不骄傲，最重要的是学会正确地估量自己。估量自己比估量别人更难。要准确地估量自己，贵在把自己放在事业的天平上。用事业的要求称自己的分量，用事业的需要比自己的长短，用事业的发展看自己的潜力。”这番话说得极好。新闻工作者，要防止走“下坡路”，必须把每一天都当成“爬坡”的日子，把每一步都当成“上坡路”来走，人才会不断超越自己，才会不断翻开自己事业上的新篇章。

灾害报道写作要注意什么

作为记者，新闻采写中有时会碰到抓灾害报道的机会。虽然灾害是多种多样的，但灾害报道写作的基本技巧应该是相同的。归纳起来，灾害报道要涉及的内容，一般包括：一是灾害的属性及现场形态，属性如雪灾、旱灾、水灾、火灾、风灾、地震、空难、撞车、翻船，等等，现场形态如水灾来临的情形，火灾发起的情形，等等；二是灾害的发生时间及地点；三是灾害造成的人员和经济损失；四是灾害发生的原因；五是在灾害中人们的作为及对策；六是社会各方对受灾地区和人员的态度及行动。大概有这六个方面的内容。

那么，灾害报道的写作要点及注意事项有哪些呢？记者写作中容易出现的毛病是什么呢？灾害报道的采写，首先是要求记者要到现场。作为读者，非常关心某一灾害的具体情况，甚至是具体的细枝末节。记者人在事发现场，与人在事发现场之外，是大不相同的。这里，最大的差别来自眼睛，看到的东西与听到的东西，往往很不相同。“眼见为实”对记者来说尤为重要。这一点，在摄影记者和电视记者身上表现得就更为明显。记者到了事发现场，不意味着什么都能在现场弄明白，也不意味着看到多少就写多少，主要是让人们知道记者到了事发现场，报道是可靠的。其次，要重视对成灾原因的追踪。人们看灾害报道，除了了解灾害程度及损失，马上就会去问一个问题：这个灾害是怎样造成的？这就需要记者用最快的速度回答这个问题。比如，1998 年 5 月 5 日北京玉泉营家具城失火的报道，第二天各个新闻媒体报道的是简短的“火势快讯”，火灾原因没有反映出来，大家就十分关心。5 月 7 日的《经济日报》等报纸，又着重报道了火灾的原因。这样，这个报道才算基本完成了。第三，灾害报道写作中，不要见物不见人。灾害，不论是自然灾害，还是人为灾害，都存在这么一个问题：人在灾害面前有什么样的表现及作为？这里，真善美与假恶丑，勇敢无畏与懦弱退却，往往会显现得比较明显。灾害，在这里就是一面镜子。第四，灾害报道的出发点，应该是让人们清醒地吸取教训，今后在防范灾害方面更有所作为。而就灾害报道灾害，没有一定的建设意识，过于渲染灾害本身，都达不到有益于社会和人民的效果。

灾害报道的动态性是很强的，昨天怎么样，今天又如何，明天可能又有变化，记者应在报道口径上力求留有余地，千万不要一时说早、说过、说满了，以免使后面的报道工作陷于被动。自然，记者要紧盯各种动态，及时进行追踪报道。避免说早、说过、说满，为后续报道铺平了道路。否则，就会给后续报道设置障碍。

在灾害报道写作中，有的记者常犯把道听途说的东西写进报道里的毛病。这一般是新闻采写不深入的结果。把道听途说的东西写进新闻报道里，历来是新闻工作者的大忌。在灾害报道中，更显其危害性，容易造成事实失准，混淆视听。道听途说的东西，往往夸大事实、不负责任，是非常值得怀疑的“报道素材”。有经验的记者，是用怀疑的目光，亲自将这类“报道素材”进行认真核对，做到去伪存真，有一是一，有二是二，这样就比较主动。

新闻标题首先由谁来做

现实采写工作中，有这样的一种现象：有的记者和通讯员很不重视稿件的标题“打磨”，不把标题制作当回事。往往是稿子写好了之后，匆匆忙忙想一个“大概”，就“应付”了事。这样“凑合”出来的标题，不仅质量不高，而且往往不准确、不精彩。

如果要问这些同志：“你为什么不重视新闻标题的制作呢?”回答往往是：“写好稿子，是我的事；作好标题，是编辑的事。”

猛一听，似乎这回答是有些道理的。的确，在新闻单位编辑的工作中，为稿子“包装”的任务之一，就是制作标题。但是，是不是稿子的作者自己就不该和不需要在标题制作上认真下功夫了呢？稿件作者努力制作标题是“种了别人的田，荒了自家的地”吗？

“货卖一张皮儿，稿看一个题儿”。有的人这样形容标题的重要性。虽然这种形容不是很全面，很准确，但这种说法提醒我们：标题，对于读者，是相当关键的一个“大门”。你的标题有吸引力，读者就会走进“大门”，去“里面”看个究竟；你的标题没有吸引力，读者就会在“大门”前一晃而过，不会再向“里面”迈进一步。如果一篇稿子的内容很不错，但就因为标题不佳，读者没能“走进去”，这岂不是十分可惜的事？

1998年5月31日，《经济日报》刊出了记者白海星的一篇报道，题目是《就业先救厂，造岗再上岗——安徽淮南着力扶持企业脱困》。这篇报道，吸引人处就在标题上，而这个标题是记者自己作的。论报道内容，当时同类稿件是很多的，编辑所以从许多同类稿件中选了这一条，标题的作用是不容忽视的。

作者重视自己制作标题，好处不少。一是有利于稿件“新闻主题”的提炼。如果一个作者善于做标题，他是要把最紧要的新闻事实表达在标题上的。通过制作标题，他会进一步琢磨稿件的“新闻主题”，使之更加鲜明和清晰。反之，缺少了标题自我制作过程，也就少了一个“新闻主题”提炼准确与否的自我检验机会。二是编辑对于作者，实际上就是“第一读者”。既然是“第一读者”，稿件就有一个是否被吸引住的问题。这里，标题又是同样的重要。好的标题，会一下子“抓住”编辑，让编辑一下子感起兴趣来，从而能够看下去进而发现其新闻价值，并在编好稿子上下功夫。反之，一般化和不精彩的标题，会把编辑“赶跑”。三是作者自己“琢磨”后制作标题，是有自己的观察问题的角度的。编辑第一次看标题，又会有一个“琢磨”的过程，可能又有一个观察问题的角度。这样两次的“琢磨”，实际上是很有益处的。俗话说：“尺有所短，寸有所长”。作者的角度和编辑的角度，经过一番“融合”，很可能互为补充，从而产生出更为令人满意的既体现“新闻主题”又吸引读者的好标题来。

作者自己为稿件做标题，既是顺手之劳的事，又是顺理成章的事。有这么多的好处，我们又何乐而不为呢？作者不重视标题制作，有依赖思想作怪的一面，也有忽视标题作用的一面。有的作者，是对标题在读者心目中的地位和功能没有清晰的认识。要改变这种状况，关键是要提高对标题作用的认识。同时，还要明确，制作稿件标题，如同写作稿件内容一样，都是作者的“本职工作”，是“分内”的事情。

新闻标题谁来做？结论：要靠作者和编辑“合作”。

“记者来信”的特征在哪里

一段时间以来，报纸上的“记者来信”少了，有分量的“记者来信”就更少见。这种现象，向我们提出了一个问题：是现实生活中缺乏需要记者向编辑部反映的事情了呢，还是记者淡忘了“记者来信”这种新闻报道形式的作用和功能？“记者来信”是一种很有特点的新闻报道体裁，这种新闻体裁具有较强的“提示功能”和“警示效应”。记者在采访中发现了某个现象、问题、苗头（社会的或经济的），需要通过“写信”跟读者说一说，以达到一定的引起人们注意的效果。

在我们的生活中，一般而言，亲朋好友之间，经常要相互通信。由于“言长纸短”，人们在写信时总是要集中重要的内容，倾注较强的情感，以比较亲切的语言，让读信人觉得写信人就在眼前。新闻记者写的信，不是普通的信，是用信的形式，写给广大读者的“公开信”。有人会问，记者写消息、写通讯也是写给广大读者的，写信与写消息、写通讯，到底有什么区别？为什么要用写信这种形式？看来，“记者来信”的定位是很关键的。如果它有自己的不可替代性，那么，这种新闻报道形式也就有自己的生命力了。否则，就会走向消亡。

需要重点讲的，关键是个不可替代性问题。那么，“记者来信”的不可替代性究竟体现在什么地方呢？

其一，写信这种形式是记者与读者之间的“直通车”，没有中间环节。读者一见到记者给编辑部的信刊登出来了，就想看一看，这封记者与编辑部的通信，写了什么事，反映了什么问题。读者此时感到自己与记者直接见了面，自己同“编辑部”在同时阅读记者的来信。

其二，记者写消息、通讯，是对客观事实的报道，总要以一种“超脱”身份出现，一般不介入报道在文中发表自己的看法。而“记者来信”这种形式，是记者向编辑部“谈情况”、“说感受”，不仅可以介绍客观事实，还可以发表自己对事实的看法和评价。

其三，“记者来信”由于多是要提出某种观点，因而冲击力较强，“提示功能”和“警示效应”突出。这一点，与其他新闻报道体裁相比有优势。以上三点，可以看出“记者来信”的作用及特征。“记者来信”在报纸上应有属于自己的一席之地，应发挥出应有的独特作用，相信，在今后人们能更多地看到高质量的“记者来信”。

我们来分析一下 1998 年 5 月份的几篇新华社记者采写的“记者来信”，从题目上便可看到这些“记者来信”的特征。5 月 13 日，新华社播发了三篇“记者来信”，题目分别是《还是量力“扩张”好》、《农民为何情愿要“白条”》、《要警惕机构未“精简”先“添肿”》；5 月 26 日，新华社播发了两篇“记者来信”，题目分别是《贫困地区更经不起穷折腾》、《灭鼠保粮不容忽视》。这几篇记者来信，均发挥着明显的“提示功能”和“警示效应”。这里《要警惕机构未“精简”先“添肿”》（全文附后）一文，文字不长，分量很重，从中可以看出“记者来信”这种报道形式的巨大作用。

附文：

要警惕机构未“精简”先“添肿”

新华社太原1998年5月13日电 记者来信：要警惕机构未“精简”先“添肿”（新华社记者鄯宝红）

随着国务院机构改革逐步到位，各级地方政府机构的精简工作将陆续展开。但记者近日在山西一些地区采访时了解到，一些地方置中央精神于不顾，在当地精简机构开始之前突击调入、提拔干部，使本已超编的党政机关愈加臃肿。

据调查，目前这种机关“添肿”的怪现象在基层的一些地市、县较为突出：一是利用各地正在进行的党委、政府换届之机，大批提拔干部，增加职数；二是集中往机关、事业单位调人。

某市在刚刚结束的换届工作中，调整副县级以上干部300多人，其中新提拔近百人；有的局一下子增加副职三四人，正副局长多达十几名。领导人数增多，使原本就不够用的办公经费更加吃紧，正如一位办公室主任所发愁的：小车要增加，办公室要调整，办公用品要添置，就是局里发文件也得多印几份，日常开销比过去增加了许多。

还有的地方频频往机关里调人。有从事业单位往行政机关调的，也有从企业往机关及事业单位调的，还有从下级机关往上级机关调的，甚至有些前几年办了“停薪留职”的人又纷纷返回机关。这股“调动风”在一些贫困地区尤甚。

某地区所属一些局在今年春节过后便不断调进人员，仅土地局就调进十几人。一位正为调动奔忙的人讲：“贫困山区经济落后，自己创业谈何容易，还是政府部门最保险。”

许多干部群众说，这些做法不仅给下一步的机构改革增加了难度，而且还损害了党和政府的形象，在人民群众中造成极坏的影响。

“剩饭”该怎么“吃”

记者在新闻报道工作中，有时会遇到这样的情况：别的新闻单位的记者已抢先报道了某一件事，由于种种原因，自己还需要再做文章。换句话说，是要“吃”人家的“剩饭”。

做新闻报道工作，“吃”人家的“剩饭”当然不是“最佳选择”，记者能走在别人前面岂不更好？但是，一个新闻单位或一个记者在长期的新闻报道工作中，不可能回回次次都处于“领先”地位，总会有一些时候是“迟到一步”。这种情况下，面临两种选择。选择之一：这件事抓晚了，人家领先了，算啦，自己去抓别人还没抓的东西吧！选择之二：晚是晚了一步，但还有挽回的余地，可以在“做活”、“做深”、“做细”、“做大”上下功夫，变被动为主动，甚至后来者居上。

新闻的“剩饭”，是个有前提的概念。前提是个“晚”字。一个新闻，别人抓早了，“首发权”就是人家的了。人家吃了“第一口”，不论“这一口”是大是小，读者会记住：谁家报纸先报了此事，哪个记者先写了这个报道。于是，往后，不论谁再做这个题目，都叫“吃剩饭”。

既然“吃剩饭”不是件理想的事，那么现实工作中为什么会有不少“吃剩饭”的例子呢？原因当然很多。除了本来同时采写但因发稿程序出问题比别人晚了一步这种情况，就大多数的例子看，是因为“还有文章可做”。抓得早当然好，但抓得早不一定就抓住“要害”了，或者不见得反映了全面情况，不见得就是抓深写透了。这里的“余地”，就为“吃剩饭”留下了“空档”。

“剩饭”做好了有时也是很香的。举个例子，1996 年《经济日报》曾组织过一套《商标抢注是与非》的报道，报道的是浙江杭州发生的企业间互相抢注商标的一场纠纷，并由此在报纸上开展了热烈的讨论。这次报道在社会上产生了较大反响，也引起了国家有关部门的重视。其实，这套报道，是在杭州地方新闻单位曾作了报道之后，《经济日报》“后发制人”而做的。这是不是“吃剩饭”？当然是。这种“吃剩饭”，不是就事论事，而是把某几个企业之间的纠纷，放到了进入市场经济时代企业商标意识少了会怎样这个大背景下，把小事做大了，做宽了，做深了。许多读者来信说：《经济日报》的报道，不是就事论事，而是揭示出了事物的本质；不是反映了某几家企业遇到麻烦的局部现象，而是广大企业共同面临的历史新课题。

如何对待“剩饭”，积极的态度与消极的态度，效果是不同的。“晚”已经改变不了，但变被动为主动，还是很有可能的。真正做好了，做到家了，别人很可能会忘掉抓得“早”的报道，而记住“后来居上”者。

会议新闻写作如何“里应外合”

会议新闻写作，是很有学问的，已有许多文章对会议新闻写作作了研究。这里，只谈一个小问题，就是记者要注意掌握“里应外合”的写作方法。

一些记者在写会议新闻时，往往把注意力集中在会场上，会上提供了什么材料，会上领导讲到了什么，记者只作“浓缩”或“选择”之后，就把稿子写出来了。这类会议新闻，可谓“就会说会”。应该说，在会议新闻中，由于会议性质所决定，部分会议新闻只能就会写会，或者说会议本身提供的内容分量已经足够了。但是，有一些会议，仅靠会上的东西写新闻是不够的，需要记者将会上的有关内容与会外的有关情况结合起来，写出来自会议又能在一定程度上跳出会议的报道。

究竟什么样的会议新闻可以用“里应外合”的写作方法呢?大概有这么几种情况：一是会议的有关内容，需要在社会上有点呼应。如某个会议出台了一项与群众生活密切相关的政策，记者在采写这篇报道时就需要就这项政策与群众的看法结合起来写，使报道内容更加充实。二是会议上涉及的问题，需要会外的一些资料进行佐证。比如写一个加强治安的会，可能会加进一些近期的社会治安情况的统计数字或重大案例。三是报道会议本身，需要加进一些有关背景介绍。如报道世界妇女大会，就要介绍一下历届妇女大会的情况，过去召开的会解决了什么问题，等等。四是会议上主角及相关人物的资料，需要给读者一个交代。比如，某个国际学术会议，来了一些著名专家学者，就应该向读者提供一些有关专家学者的基本情况，如有何科研成果，获过什么大奖，等等。

“里应外合”，是一种常用的写作方法，用好了用巧了可以增强新闻报道效果，增强新闻报道的可读性，当然，更有利于增强会议的作用及意义的宣传效果。可惜的是，有一些报道，匆匆忙忙发稿中忽视了“里应外合”的方法，从而使报道变“浅”变“干”，使读者在阅读报道时常有未能得到满足的感觉，许多不知想知的东西仅从“就会写会”的报道中无法获取。

写会议报道，成功的先例不少。国外有，国内也有。这些报道成功的原因虽有不少，但善于运用会上会下、会内会外两方面的素材是其中的一个重要原因。因为不少会议主办者虽然考虑到了记者完成报道的多方面需求，如食宿、交通、通讯等等，甚至会提供“新闻参考稿”，但毕竟是站在“新闻门”之外考虑问题，未必能适合、适应记者的全面的需求。仅仅靠会议本身的发言、材料，是远远不够的。有经验的记者，会在参加某个会议之前，先作“背景资料”的准备，做到“有备而来”。

“反映报道”怎么写

有人会问：“反映报道”是不是就是“连续报道”？这里，回答是或回答不是，都不容易说明白。我们可以这么表述：第一，“反映报道”的本义，应是在报道或披露某人某事某问题某现象之后，记者收集的社会各界对此的看法和意见。第二，在连续报道的“家庭成员”中，反映报道占有重要的地位。连续报道是指对某人某事某问题某现象的最初报道之后，记者采写的继续深化报道思想和扩大新闻事实（如事态进展、最终结果，等等）的报道，这中间就包括了反映报道。第三，反映报道重在“反映”，即人们对此前报道的某人某事某问题某现象的看法和意见，而不是新闻事实本身的发展和变化。从这三个方面，我们可以为反映报道作一个比较准确的定位。

明确了什么是反映报道之后，我们就要来研究如何采写的问题了。一些缺乏经验的记者，面对需要抓后续反映的报道任务，常常不知从何下手。这里，其实是两个问题。一是找谁访谈，二是谈什么内容。找谁访谈呢？不外是两种人，即当事人和局外人。当事人就是此前的报道中涉及的人（包括报道中明确点出和暗示出的人）。局外人就是此前报道并未涉及的相对超脱的人。找当事人谈，是让读者了解“剧中角色”自己怎么看；找局外人谈，是要让读者客观评价“舞台”上的一切。谈什么呢？这里有广泛的选择天地。比如，不论对当事人还是局外人，一般的范围，是要让他们谈态度，谈认识，谈看法，谈见解，谈感受。总之，是在推出一定的“思想产品”。

举例说，1998 年 5 月 2 日《经济日报》二版报道《一份被驳回的市政府工作报告》，说的是武汉市人大驳回了武汉市政府的一份“再就业报告”的过程。这是一个引人注目的新闻。报道见报后，在社会上产生了较大反响。5 月 6 日，《经济日报》又在一版以《“再就业报告”被驳回之后》为题，做了一篇“反映报道”。这篇报道，找的大都是局外人，有省人大的领导，有法律专家，有下岗职工，他们从不同角度谈了对此事的看法和认识。这些反映归结到一点，就是支持市人大对市政府工作的监督作用的发挥，更好地促进再就业工作。

一般来说，反映报道常见于批评报道刊出之后。无论从报道的深化角度，还是从读者的需求角度，在一篇较有棱角的批评报道推出后，听听“反映”，是必要的。“反映”既是对有关报道的“回应”，又是一个报道领域拓宽的信号。

所以，善于运用反映报道，会使批评报道的作用进一步加强。反映报道也出现在表扬类报道刊出之后，一个先进的典型刊于报端，大家怎么看的，汇总汇总反映，可以形成学习先进的社会氛围。

反映报道的作用还不止如此，比如国家、部门、地区某一政策出台之后，需要报道报道反映；比如有关领导的一个重要政见发表之后，需要报道报道反映；等等。不同的内容，对报道也提出了不同的要求。我们要不断总结经验，提高反映报道的写作艺术水平。

经济新闻要不要讲“时效”

现在有的同志认为，经济新闻时效不重要，早几天晚几天没什么要紧的。在这种思想作用下，一些同志在经济新闻的写作过程中，往往不注意新闻时效性，“最近”、“前不久”、“日前”之类的“模糊时间概念”到处可见，有的甚至连这类的“模糊时间概念”都没有，从头至尾看不出新闻是何时发生的。实际上，“模糊时间概念”的背后，藏着的实在是“旧闻”。

新闻要新，对经济新闻来说也不例外。从读者的角度看，经济新闻如果不是新鲜的，不是刚刚发生的，不是自己所不知道的，那就不会有很大吸引力了。有人也许会说，经济新闻重在内容，只要内容好，读者就爱看。猛一听，这个说法似乎有些道理。细一想，这个说法又是不通的。难道社会新闻就不注重内容？难道文体新闻就不注重内容？难道时政新闻就不注重内容？显然不是。

新闻的内容和时效是统一的，是不可割裂的。没有内容的新闻不会是新闻，没有时效的新闻也不会是新闻。这个道理，同样适用于经济新闻。

“模糊时间概念”，在相当多的情况下，是无奈的结果。这里有多种原因。有的时候，是因为记者得悉新闻线索晚了，事情已经发生了一段时间了，只好如此“凑合”。有的时候，是记者自己采访后写作时间长了，等稿子拿出来，时效耽误了。有的时候，是编辑工作慢了一拍或版面一时没有安排上把时效错过了。“模糊时间概念”就这样一次次被用出来，一次次进入读者的眼帘。

经济发展，是一个复杂的过程。一个国家如此，一个地区如此，一个行业如此，一个企业更是如此。经济新闻与社会新闻相比，前者似乎更“耐压”一些，后者似乎更“易碎”一些。但是，“耐压”的东西“压”久了也会“变味”，也会失去新鲜感和可读性。“耐压”这种认识，有时就耽误了经济新闻的时效性。时效性不强的东西在版面上多了，又会产生一种错觉：“看看，这就是经济新闻嘛！不用急。”如此，从记者，到编辑，也都多了些不该有的“耐心”。

新闻特写如何下笔

——从《6000 封群众来信与一位人大代表》一文说起

《6000 封群众来信与一位人大代表》这篇新闻特写，刊于 1996 年 3 月 4 日的《经济日报》。写作对象：陕西省省长程安东。程安东 1936 年生，是安徽淮南人，当过矿工、矿长、局长、市长，任过西安市委书记，1994 年 11 月起任代省长，1995 年 1 月任省长。

在这篇稿子见报前两天，当时来京参加两会的陕西省省长程安东，与一部分新闻单位的同志开了一个小型座谈会，《6000 封群众来信与一位人大代表》这个题目，就是我在会上"挖出"来的。稿子见报后，听到的反应是：文章篇幅不大，体现了新闻特写"小处着眼、大处收笔"的要求。

生动感人、真实简洁，是新闻特写的重要特征。新闻特写捕捉的是新闻事件最精彩的侧面和瞬间，因而，务求生动感人。惟有如此，才能真实再现事实；惟有如此，才能抓住读者。如何才能生动感人呢？必须做到选材新颖、笔触带情、以事感人。一省之长，日理万机，能有多少闲暇看群众来信？即使是普通百姓，一年能读多少封信？然而，陕西省省长程安东一年居然看了 6000 封，批了 1300 多封，实在不易。新闻写作追求客观，但如果把握不好，极易陷入呆板、乏味。在本文的写作中，受程安东个人爽朗性格的影响，没有呆板地摆事实，自始至终都似拉家常，笔调轻松活泼。通过“拉家常”，引出了省长一年看6000封群众来信、直接救治穷孩子等小事，力争在不知不觉中，以事感人。真实是新闻写作的基本要求。为让读者感觉真实可信，本文不仅引用数据，还借省长之口，说明这6000封信可以看完，并且，看群众来信不是浪费时间，而是对工作大有益处。新闻特写一般要在极短的篇幅内，充分表达某一主题，因此，行文须简洁明快。对省长处理来信的几件事例，本文写作中只用数笔带过，点到即止。新闻报道要求典型，新闻特写篇幅有限，取材的典型性更显重要。本文列举的三封来信，分别是求助、告状、建议。群众来信，大抵如此，因而，具有代表性。

特写姓“特”，选材不求全面，写作不拘一格。平常新闻稿的“套路”，似乎不必死守。然而，特写毕竟属于“文章”。既是文章，就得结构严谨，独立成篇，所谓“麻雀虽小，肝胆俱全”。本文虽然只七八百字，写作中还是分为五个层次，渐次推进。文章开头讲陕西省省长程安东一年看了6000封群众来信，亮出新闻点，抓住读者，为第一个层次。省长日理万机，一年读6000封群众来信?！读者肯定要问：看得过来吗？回答是：平均到每一天，就十几封，周末还可以多看一些。这是第二个层次。紧接着，读者会问：省长那么忙，是什么样的群众来信，值得他亲自阅读？是不是浪费时间？文中用程安东本人的话做了解答：来信有的是反映个人困难，有的是告状，有的是提建议，大多数实事求是。大量的群众来信，能够反映社会动向，体现民情民意，汇集良策建议。看群众直接写来的信，比听汇报、看材料、让人陪同视察更能了解实情。这是第三个层次。那么，批阅了那么多信，有什么效果呢？文中选了三个典型事例，作为说明。这是第四个层次。行文至此，如果就此打住，也可以，但似乎仍停留在为讲故事而讲故事的阶段。文章末尾写道，程安东对记者说：时刻关心群众的冷暖，是我们党的优良传统。在现代化建设和改革开放的今天，这个优良传统更需发扬光大。寥寥数语，人物的形象和文章的立意都得到了升华。这就成为文章的第五个层次。

回头看，这篇文章的文字还有些粗糙，由于欠缺进一步的深入采写，所以深度还不够，这是本文的遗憾。

如何增加“事件性新闻”

报纸上“非事件新闻”居绝对优势，而“事件性新闻”为数尚少。面对日益加剧的新闻竞争，以及广大读者的需求变化，为了提高报纸质量，吸引读者，建议应适当增加“事件性新闻”的数量。

什么是“事件性新闻”？从严格意义上讲，有三个特点：一是以独立的事件为中心；二是时间、地点的因素极为重要；三是对报道的时效性要求高，反映速度快。例如1993年11月6日《经济日报》一版《航班延误之后……》，1993年11月30日《经济日报》一版《天津发现一起合资外方进口设备作假案》等，就属于“事件性新闻”。事件性新闻所反映的多为突发性的事件，事情的发展过程较为短暂，带有明显的阶段性，拖的时间过长，报道就会失去意义。

一些综合性报纸上“非事件新闻”多，是报纸为了加强权威性所需要的。对一些社会经济现象，需要有一种宏观的、连续性的把握，这一点，没什么可争议的。现在的主要问题，是报纸“事件性新闻”过少，有时一天的报纸上有一两条，大多数时间看不到一条快速反映的事件特征明显的报道。在编辑部里，不少同志都曾呼吁：版面上述评、通讯太多，新闻少。这也是个老问题。新闻少，表现很多，不仅经济信息类新闻少，而且透露性的政策动态类新闻也少，社会新闻就更少。这其中，属于“事件性新闻”范畴的当然也很难看到。适当增加“事件性新闻”，好处甚多。其一，可以提高报道的时效性，少一些“一年多来”、“近几年来”之类的“新闻”；其二，可以增强报纸的可读性，吸引更多的读者；其三，可以活跃版面，使版面上增添生气和活力；其四，可以锻炼记者、编辑队伍，养成“快节奏”的工作习惯。

“适当增加”，这里的“分寸”很要紧。从综合类报纸的特色和读者的反映看，深度报道是受欢迎的。这一点不容怀疑，也不能轻易改变。我想，在版面格局上，深度报道，仍需占据首位，给予“第一位”的保证。但在“非事件新闻”与“事件性新闻”的比例处理上，应有所变化。比较合适的“比例”，应使“事件性新闻”至少占一半左右。

增加“事件性新闻”，我们的各项工作需相应改进。第一，信息（事件类）必须灵通，渠道要畅通。第二，记者要多深入基层，弯下腰去抓新闻，到社会生活的大海里去捕捉新闻。与此同时，记者手脚要快，发现线索，立即投入采写工作，以最快速度交稿。第三，编辑要配合，急稿急编，且要把好“关”。第四，版面要“开门”，要给“事件性新闻”见报的“舞台”。

不管怎么说，报纸上没有或很少有“事件性新闻”是不利的，只要稍做改进，就会马上见到成效，这一点，是肯定的。

记者向“厨师”学什么

看这个题目，会觉得概念有点不对，记者和厨师有什么关系？细想一想，两个职业之间确有内在关联。

厨师何以称“师”？原因在于厨艺有高有低。厨艺高低如何体现？同样的原料下锅，炒出来的菜肴色、香、形、味不同，这中间的差异，便是厨艺高低问题。

古人讲：“治大国若烹小鲜”，把治国与治厨结合起来了。新闻记者和读者的关系，打个比方说是厨师和就餐人的关系。大家都知道，厨师很早就要起床，厨师和就餐人不能同时进食堂。厨师早起，有几件事必做：采购、配料、炒作。买到的粮、油、蛋、肉、菜，要保证质量。新闻记者和厨师一样，很多地方要走在前面，是个早起的职业，包括它的思想认识、新闻敏感、勤奋程度，只有他早起了，走在前面了，当读者、观众、听众需要了解什么、看什么、听什么，他才能拿出让读者、观众、听众满意的作品来。新闻工作者就是这样，必须自己有“一满桶的水”，才能让读者、观众、听众得到他们想知想看想听的“一瓢水”。

讲一例子：前些年，期货市场刚刚兴起的时候，某地有一个通讯员写了一篇期货的稿子。这篇稿子的内容是，某地出现了由农民自己办的期货市场，这应该是一件很新的事情、新的概念。后来一打听，这个“新闻稿”不准确，原来那只是一个集贸市场。因为这个通讯员写的稿子上稿率低，听说期货市场是个很新鲜的事，就把集贸市场写成了期货市场，写出的稿子寄给了一些新闻单位。这件事对我们有很深的教育意义。类似的例子不少，也反映了“一桶水”不满的问题。作为一名称职的新闻工作者，一生的追求，不懈的追求，就是要拥有“一满桶的水”。虽然你写出的作品是“一满桶水”中的“一瓢水”，但这“一瓢水”是“高质足量”的，是无愧于心无愧于业的，我们也应该这样要求自己。这样写出的作品，才是经得起时间考验的新闻作品。

新闻写作，门类众多，讲起来话题很不少。结合向厨师学习的话题，这里就人物报道，谈谈新闻报道的火候的问题。

在新闻人物报道上，过去存在一些偏差，就是本身掌握火候的问题。我印象很深的是有一位企业改革的人物，当时有很多记者去采访，刚开始时，他比较配合，记者问什么他就回答什么，可是到最后就出现问题了，他不配合了，甚至怕见记者，见到记者就躲。原因是有些报道不扎实，不够全面和客观，给被报道对象造成了负面影响。实际上，所有的人都有缺点和优点，在人物报道方面，记者应当一分为二、客观全面反映一个人，使报道人物从开始到最后，都不给本人带来负面影响。

有位记者，参加一位企业家召开的新年联谊会，联欢活动中，大家提出让这位企业家唱个歌。这位企业家唱的歌词的大意是：你们来到我身边，带来了欢乐，也带来了烦恼……我们这位记者就问他，这话是什么意思，是不是针对我们说的。他回答：“你们最近对我进行报道，把我上任前的工作评价得一无是处，说前任留下了很大的包袱，我做了很多工作，有很大成绩。这不够客观。还有，你们的报道写的很多事情都是我领导下靠班子成员共同努力完成的，把我起的作用写得非常突出、过了头了。其实，有很多事情是副老总们完成的。”这位记者把这个经历讲了，同行们说受到了很大的震动。

新闻工作强调要抓“活鱼”。“活鱼”在哪里？不在办公室里，不在大宾馆、大酒店里，而在现实的真真切切、包含普通也包含非凡的生活中，在人民群众的工作和生活环境中。我们许多新闻界老前辈年轻时写的成功的作品，基本上都是通过深入实际生活，通过亲身接触工作一线的人物（科学工作者、工人、农民、战士等）获得第一手资料，饱含对生活的体验和激情写成的。这样的人物，就不会失真。在今天，我们读起这些作品，依然能感受到其强烈的生活气息。作为年轻的新闻工作者，从老一辈身上，可学的地方太多了。

1958 年 11 月，毛泽东同志对吴冷西同志说：“记者的头脑要冷静，要独立思考，不要人云亦云。”“不要把任何一件事情绝对化。好事情不要全信，坏事情也不要只看到它消极的一面。”毛泽东同志的这番话，讲的是新闻工作的辩证法。记者要做到头脑冷静，不要把任何一件事绝对化，就必须掌握真实的、大量的、反映事物本质的素材，而这些素材，只有通过深入实际、深入群众，在社会生活、经济生活中获取。

侯宝林大师讲过，他从艺 40 年有四句话作为座右铭，这就是：“恰到好处、留有余地、宁可不够、不可过头。”我认为这四句话完全可以作为新闻工作者的座右铭，从艺、做人、干新闻工作都不例外。

对人物报道如何做到留有余地，掌握到什么程度？

我想，一个人如做了十件好事，不要写“满了”，不要写十件，写出六七件、七八件就可以了。你把他有代表性的成绩写出来就可以了。一个人在社会上成功了，做出了一些成绩，大都是在与他人共同合作的基础上、不是单枪匹马完成的。那么，对人物报道提出的另一点要求，就是在人物报道时，考虑他的工作是众人努力的结果，不要把成绩归为一个人。讲集体的支持，讲集体的力量，反而有利于今后被报道对象良好的工作环境的营造。

我采访过一个工程建筑公司老总，临走时他对我说："你们的文章不要把我写满了。日本的同行企业人员比我们少，工程量是我们的十倍。"我的稿子在写他的公司成绩的同时，最后把他这句话写出来了。我认为，在人物宣传上完全可以尝试通过人物自己分析自己差距的方式，使报道留有余地。

过去"高大全"的写作思维方式影响非常大，大到什么程度？大到写人物有一点缺点人们都不习惯。现在楼市广告，大都是好话连篇。但我注意到，有一个楼盘介绍，讲了楼盘的缺点，讲楼前现在有一条河还没有治理好，周边的环境也有些杂乱。如果我是买房人，就会认为这个"介绍"可信，就要买这个楼盘的房子，因为开发商如实讲了不足，一般来讲，优点也会是真实的。

新闻线索哪里来

新闻报道线索，对新闻记者而言，看见了可以瞄准如战场上的“目标”，如同大海里看见航船上的“桅杆”。

曾有读者问过一个问题：你们当记者的一年到头写稿子，一篇接着一篇，那么多的报道线索是从哪里来的？

当记者的，获得和掌握的报道线索多少不是个小问题，现实的情况是有差别的：有的记者整天有“追不完”的“目标”，而有的记者时常感到“目标”难寻。

新闻记者的业务功底深还是浅，表现在许多层面，是否善于发现和获取新闻报道线索，是重要的标志之一。新闻报道线索既不是从天上掉下来的，也不是凭拍脑袋拍出来的，它的来源主要有三：

一是“自寻”。具有发现和捕捉新闻线索的能力，是记者的基本素质之一。这个基本素质当然不是天生的，是在实践中培养和锻炼出来的。发现和捕捉新闻线索能力的大小，往往影响着记者新闻采写水平的高低。“发现”就是要见人所不见、听人所不听、知人所不知，见微知著，“沙堆里”筛出“金子”。“捕捉”，就是在事物发展变化中，于“事物运动”过程里稍纵即逝“特征”中找到新闻事实“大船”的“桅杆”。

二是“外助”。编辑点题，是记者获得采访题目的重要途径之一。编辑是一座桥梁，一边连着读者，一边连着记者，在“知冷知热”方面，编辑有编辑的“神经末梢”和“感应能力”。相当多的时候，编辑能给记者“开开脑筋”，给记者“点”出一些高质量的报道题目。另外，记者生活四周的亲朋好友，也是一些报道线索的提供者。《中国青年报》一名记者就曾在报纸上公布自己的手机号码，请社会各方面为他提供新闻报道线索，这位记者二十四小时“开机”，获益匪浅。

三是“借用”。同行如镜，什么地方走在前头了，什么地方落后于人了，常看同行的报道，才能心中有数，才可有学习借鉴的收获。在同行抢在前头的报道中，有没有别的“线索”呢?有。比如，同行对某事报道中可能“丢掉”了什么，而被“丢掉”的东西很可能“分量不轻”，又比如同行报道中可能“简略”了什么重要的东西，新闻价值未得以深掘，再比如同行报道某事之后，事物又有了新的变化和发展，这一切，都为自己“借题发挥”找到了新的舞台和空间。

新闻报道线索，是“深宅大院”的“门庭”。只有走进了“门庭”，才能窥见“深宅大院”的全貌和内景。优秀的记者，必然是善于发现、捕捉、掌握、运用新闻线索的行家里手。

工作通讯怎么写

——点评《宝鸡三变》

工作通讯是记者在新闻采写生涯中经常要接触到的。工作通讯介绍的是某地方或某单位的工作情况和经验，只要拿到被采访方的工作总结，似乎就很容易下笔。然而，正是因为其较强的正面宣传属性，工作通讯要写出“彩”，不落入俗套，吸引读者，又非常不容易。这里借点评《经济日报》2004 年 2 月 10 日一版头条《宝鸡三变》一文，间接谈谈工作通讯的写作技巧。

《宝鸡三变》这篇工作通讯，从立意、角度、选材、行文、现实意义和指导性等方面看，称得上是一篇佳作。

首先，抓得准。工作通讯介绍的是成功经验，解决的是现实问题。因而，现实意义和指导性是评判工作通讯是否成功的首要标准。国有企业改革脱困是当前我国经济生活的热点问题，也是难点问题。而中西部地区老工业基地，在客观外部经济条件、资金、人才和观念上，都有着更大的困难和阻力，因此，国有企业的改革脱困，更是难点中的难点。《宝鸡三变》这篇通讯介绍的是宝鸡老工业基地国有企业改革的成功经验，抓住了当前经济改革的重点、热点和难点，对各地有很强的借鉴价值。

其次，角度好。抓住了热点、难点问题，如果没有好的角度切入，文章也不能算成功。介绍国有企业改革成功经验的文章，《经济日报》和其他新闻媒体发过不少，如何写出新意，写出深度，不落入俗套，确实不是一件容易的事情。各地国有企业都在改革，案例不胜枚举，各地投给报社的稿件也不计其数，为何陕西宝鸡的经验能上头版头条?《宝鸡三变》这篇文章切入角度选得好，写出了新意，是一个很重要的原因。包袱重、管理层阻力大、政府位置摆不正，是国有企业改革难以推进的病根之所在。文章从宝鸡解决这三大难题的角度切入：包袱怎么变财富呢？通过实施“产权招商”，不少企业挖掘出潜值和残值后，“包袱”竟然成了改制和招商的本钱。管理层如何从消极变积极呢？宝鸡市建立了责、权、利相统一的激励和约束机制，激活了企业家这一重要生产要素。政府怎样从 A 角变 B 角呢?管理职能弱化，服务职能加强，给企业创造出尽可能大的发展空间。文章从这样的角度切入，当然具有很强的典型性和指导性，所以，就能上头版头条。

第三，选材精。文章紧紧围绕企业包袱变财富、管理层消极变积极、政府 A 角变 B 角这三个方面，选取最典型的事例，言简意赅，画龙点睛。例如，在阐述包袱变财富时，文章选取宝鸡叉车三厂作注解：“作为民营企业的杭州叉车公司为什么敢于兼并重组叉车三厂？是因为后者有着一支训练有素的职工队伍、部分稳定的市场和地处西北咽喉要地的区位优势和宝鸡多年形成的工业体系背景。这是老国企的价值。”读到此处，读者心中豁然开朗。再例如，为说明政府 A 角变 B 角的革命性转变，作者举了陕西汽车集团公司的例子：一项投资达亿元的项目，企业做主，一个上午就敲定。如果在以前，层层立项审批，没两三个月办不成。由于选材精到，本文容量虽很大，但篇幅并不长。

第四，行文活。笔法生动活泼，也是本文的一大特色。文章在开篇时就说：昔日辉煌的宝鸡工业陷入前所未有的困境，但难题已经破解，势如破竹。读者不免好奇，自然要读下去。

接着，在第一节“企业：包袱变财富”，作者一上来就说：“与记者以往在西部一些地方采访国企改革题材时所感受的沮丧情绪不同，宝鸡市工业口的干部们谈起此话题近乎‘亢奋’。”读者会想：别人沮丧，他们怎么会“亢奋”呢？好奇心驱使读者寻找答案。在“企业家：消极变积极”一节，作者以讲故事开头：陕西汽车齿轮总厂寻求重组，请别人来坐头把交椅。自己坐的头把交椅，却要请别人来坐，新不新鲜？在第三节“政府：A 角变 B 角”开头，作者说，市长新官上任，提出选择“对”的事情做，然后才是把事情做“对”。那么，什么是“对”的事情？生动的笔法贯穿始终。

第五，议论巧。工作通讯如果没有观点，平铺直叙，就会没有中心，变成记流水账。然而，发表观点，又容易失于空洞乏味。本文的一大成功之处是观点发表得比较巧妙。一是用人物的语言，说出论点。例如：关于地方政府 A 角变 B 角的意义，作者用时任市长姚引良的原话总结道：“地区间的竞争，在某种程度上就是政府能力的竞争，就是服务水平的竞争。”二是夹叙夹议，观点穿插散见于叙事中，叙事与议论水乳交融，不露痕迹。

《宝鸡三变》采访细致，写作到位，品位较高，影响较好。不过，也有美中不足，最后一自然段和“宝鸡三变”的主题距离稍远，过渡稍嫌生硬。如果作一些技术上的处理，效果会更好些。另外，文章还可以再简练一点。当然，瑕不掩瑜。

附文：

宝鸡三变

——陕西宝鸡市积极推进国有企业改革纪实

（刘晓辰　2004 年 2 月 10 日　《经济日报》第 1 版）

坐落在八百里秦川西端的陕西省宝鸡市，是我国“一五”、

“二五”和“三线”建设时期形成的老工业基地，国有企业是全市经济中的主导力量，国有资产乃立市之基。作为西北工业重镇，宝鸡拥有亚洲最大的钛金属加工基地、全国最大的螺旋管加工基地、全国最大的石油机械钻采设备生产基地等。然而随着社会转型进程的加速，昔日辉煌的宝鸡工业陷入了前所未有的困局。

2000年初，一场以推进企业投资主体多元化和股份制改造为核心内容的国企改革在宝鸡市悄然启动。由于改革者信念坚定，百折不挠，这一进程虽艰难曲折，但在2003年已成势如破竹之势。

2004年元旦过后，记者来到这个正在朝百万人口迈进的充满活力的城市，探究它图变求新的“武器”。

企业：包袱变财富

与记者以往在西部一些地方采访国企改革题材时所感受的沮丧情绪不同，宝鸡市工业口的干部们谈起此话题近乎“亢奋”。市经贸委主任袁军晓说：“几年拼搏下来，咱这儿的国企改革形势越来越好，仅2003年12月份就有宝鸡杭叉工程机械有限责任公司、徐矿集团秦原煤业有限责任公司、龙钢集团宝鸡轧钢厂等企业正式投产，过两天又有宝鸡航天动力泵业有限公司挂牌。”

“宝鸡国企的困难状况在陕西乃至西部都是相当严重的呀，你们说起来为什么没有那么沉重?”记者多少有些好奇。

“这需要认知的调整。”主管工业的副市长徐强说。

为了更深刻地理解这个问题，记者被带到了坐落在城东的宝鸡杭叉工程机械有限责任公司，该公司的前身宝鸡叉车三厂是一个负债率达到142%，加上潜亏几乎达到200%，有着9个月发不出工资经历的企业，在一般人看来，该企业除了破产，决不会有其他出路。但是就是这个叉车三厂，在包括银行在内的债权人、职工和政府的共同努力下，2003 年 6 月经过剥离重组，改制成为一个产权多元化的企业，初步扭亏；2003 年底，又被全国行业综合效益排名第一的杭州叉车公司兼并。凭借着新的体制、资金、市场和技术优势，一个濒临破产的企业获得了新生。袁军晓说："作为民营企业的杭州叉车公司为什么敢于兼并重组叉车三厂？是因为后者有着一支训练有素的职工队伍、部分稳定的市场和地处西北咽喉要地的区位优势和宝鸡多年形成的工业体系背景。这是老国企的价值。"

在宝鸡市，"包袱可以变财富"已经成为一种思维方式。早在 2000 年 5 月召开的一个全市大中型企业座谈会上，时任市长的现市委书记吴登昌说：对国有企业的现状，我们要坚持辩证唯物主义的"两点论"。它在企业管理方面积累的丰富经验、一定规模的固定资产和地区市场占有等优势可以被最大限度地利用起来，这就是我们走出困境并走向辉煌的坚实基础。

同样有价值的是经过市场观念洗礼后的工人队伍。

宝鸡杭叉工程机械有限责任公司员工李卫雄对记者说，企业曾困难到发不出工资，那以后，我的观念就彻底转变了。我现在认识到自己是个"打工者"，每天必须卖劲地干，否则就保不住饭碗。我现在对企业视同自家过日子：楼道的灯没关，心疼；地上有个螺丝，都赶紧捡起来。在改制后的企业中，"大锅饭"已经成为历史。

在观念转变的基础上，宝鸡市把"产权招商"作为招商引资的一大特色，通过此办法引进外来投资主体，使新的体制、理念、市场同资金一并进入，实现真正意义上的国企改革。结果是几乎所有对外产权招商的项目都是企业家们自己提出，不少企业的潜值乃至残值被挖掘后，竟然成为当地招商引资和企业改制的本钱。由于企业家们对市场的熟悉，对自己优势、劣势的明晓，所以推出的项目“钱”景可见，对投资者都有较强的吸引力，成功率非常高。“自己找来的对象，婚姻一般都比较甜蜜。”徐强说。

企业家：消极变积极

2001年，坐落在宝鸡市的省属企业陕西汽车齿轮总厂发生了一件“大事”：寻求重组，请别人来坐头把交椅，这在陕西开了先例。

回忆当时的情景，时任厂长的李大开说，我在职代会上讲了三句话：“从我开始全体下岗；新的董事会聘我干什么，我就干什么，不聘我，就另找饭碗；能被聘，我甘当副手，只求企业能更快发展。”当时，很多职工代表都哭了。

陕西汽车齿轮总厂于2001年9月与湘火炬合资，组建了陕西法士特齿轮有限责任公司，李大开被聘为总经理。次年，该公司完成销售收入8亿元，出口创汇1028万美元，利税突破2亿元，是上年度的230%。

李大开的事情提醒了宝鸡的政府官员，吴登昌说：“过去我们只注意就改革谈改革，在调动企业家积极性方面动静不大。现在必须尽快建立起责、权、利相统一的激励和约束机制，激活企业家这一重要生产要素。”此后，宝鸡市除了逐步推广年薪制等举措外，还坚持了一种做法：允许经营管理层持股，而且必须是从自己的口袋里实实在在地掏出钱来，股份数量视企业的具体情况与重组方共同商定。北方照明集团公司总经理湛民生说：“在国企干了这么多年，从来没有像今天这样，将自己的命运与企业的前途如此紧密地联系在一起考虑。”

谈到这里，袁军晓说自己常常被一些企业家所感动，接着他如数家珍：没有张冠军就没有今天的石油机械，没有钟裕敏就没有今天的住金钢管，没有金洪祥也不会有今天的宝鸡机床……正是由于诸多国企老总的正确选择，才有这些企业的重组成功。

政府：A角变B角

吴登昌1999年10月从攀枝花市来到宝鸡任市长的时候，曾一言不发地扑下身子调研了很长时间，然后他在一次干部会上指出：“在国企脱困问题上，我们的头脑一定要清楚，当务之急是选择‘对’的事情做，然后才是把事情做‘对’。”什么是“对的事情”？那就是政府必须逐步实现由“A角”向“B角”的转变，也就是从行政干预型向市场服务型转变。

然而对于西部一些习惯于管理者角色的政府官员而言，把显赫的指挥舞台让位于企业家，自己却要退下去管布景、管灯光的时候，心里并不是很舒服。徐强说：“实际上谁都清楚，企业改制成功一家，我们放权一家，这场改革下来，我们这些人可有可无啊！这无疑是一场自我革命。但是改制后企业的发展速度，让大家认识到这是历史的必然趋势。”有一个挂在许多干部嘴上的例子：陕西汽车集团公司一项投资达亿元的项目，一个上午就敲定，如果在以往，没个两三个月的时间别说事。为啥？过去要经条条或块块的层层立项论证、审查批复，企业根本做不了主。而现在是股权说话，企业成了市场的真正主体。

企业发展后，政府管理的职能被弱化，但是服务的职能却加强了。市长姚引良说：“地区间的竞争，在某种程度上就是政府能力的竞争，就是服务水平的竞争。”他告诉记者，除了减免审批手续、“一厅式”办公、制止“三乱”等一些常规性措施外，宝鸡市政府替企业想得更深更远。

宝鸡市国有企业的特点是“门类齐全”、“不大不小”，为了妥善配置资源，发挥“聚合效应”，市政府在充分调研的基础上加强了协调工作，把过去各自为战的小厂，尽量转变为各个产业链条中的环节。比如，围绕建设重型汽车和零部件制造基地，发展壮大陕西汽车集团公司，政府积极促成宝鸡机床厂重组轴承厂，组织宝鸡忠诚精密零件制造有限公司及相关机械制造企业搞好零部件加工配套。目前配套企业和产品已经初具规模；围绕建设石油装备制造基地，重点扶持陕西龙钢集团重组伟宝粤钢管公司和红光钢铁集团公司，将其打造成为集炼钢、轧钢、制管于一身的产业链；围绕做大做强锌业，积极引导民营企业东岭集团从合作经营入手，逐步整合陕甘两省铅锌矿山采选、冶炼企业，形成采、选、冶一条龙……姚引良说：“服务型政府的特征，就是给企业创造出尽可能大的发展空间。”

现在，宝鸡市政府正在实施“8355 工程”，即在今后的两年中，围绕重型汽车和汽车零部件生产、数控机床制造、生物医药等 8 大产业基地的建设，把国有股比重降到 30% 以下，培养 30 户 10 亿元以上的企业，其中 5 户以上为 50 亿元的大型企业集团，工业增加值占到 GDP 比重的 50% 以上。

记者如何成为“评论员”

不少评论员，来自记者。当记者的，要成为评论员，需要“再上一个台阶”。新闻记者，天职是抓新闻，这是没争议的。记者除了写消息、通讯，该不该具有评论员的素质，是不是培养会写评论的能力，这似乎有些要求过高了，人们的看法也不尽一致。

我个人认为，如果记者具有一定的“评论意识”，发挥身处社会生活一线的“有利地形”，抓住采写过程中迸发的思想火花，运用新闻事实中的“边角余料”，完全可以撰写出可与专职评论员相媲美的优秀评论作品。

范敬宜同志曾说：“思想、激情、文采，是好评论必备的要素，三者缺一不可。缺乏思想，就没有灵魂；缺乏激情，就苍白无力；缺乏文采，就难以卒读。做到三统一，很不容易。”对记者而言，培养自己的“评论意识”，也不外乎从这三个方面下功夫，且要发挥优势，实现最佳的“三结合”。记者写评论，说成是“主业外兼职”也好，“分内的工作”也罢，其优势是明显的。

评论忌空泛，要讲针对性，要使提出的问题和论点发人深思，给人启发。就针对性而言，新闻记者在实际采访工作中，见到的社会现象和察觉到的社会问题，在有的时候，要有针对性地表明观点，仅用新闻这个载体是无法完全做到的，评论为展现一定的思想观点提供了更大的空间和舞台。

2004年10月24日《经济日报》第三版《垃圾桶的位置》一文，便是《经济日报》社驻陕记者张毅同志写的一篇有特色的经济评论。该评论全文如下：

星期天，携子步行逛街，偶遇三五可口小吃，儿子频繁光顾。返家途中，穿街过巷，东西吃完了，可五颜六色的包装袋却始终找不到处理的地方。于是拿在手里、于是尴尬前行、于是感慨顿生。“这垃圾桶都跑哪儿去了?”——孩子童言无忌：“全在主要的大街上”。一个多小时后，果然在一条主干道上见到了，父子二人欣喜若狂地奔向那外观漂亮的垃圾桶。

城市公共垃圾桶应该建在哪里？建在主要的大街上当然无可厚非，因为这里人流稠密，垃圾桶的使用效率自然也高。但仅仅设在“主要大街”显然是不够的，因为谁都知道绝大部分芸芸众生并不能整天生活在“主要大街”上，背街小巷才是他们谋生计、过日子的地方。

如此简单的道理，难道城市管理者不懂？其实这背后另有隐情。

仔细观察“主要大街”两侧的豪华垃圾桶，笔者发现大多都戴着一顶“广告”的帽子，不是这个“药”就是那个“酒”，有知情者曰，此乃经营城市理念也。具体说就是，政府财力紧张，由广告公司投资、建设、维护、经营垃圾桶，其回报就是广告收入，如此双赢。笔者大悟，在商言商，投入回报，广告商不去背街小巷当在情理之中。

那么，背街小巷的城市功能建设靠谁？答案似乎不言自明。近年来经营城市理念颇为时尚，但作为城市的建设和管理者，万不可“惟利是图”，否则，有经营价值的城市空间将呈现过度商业化和毫无文化品位的杂乱无章，不具经营价值但却事关百姓生活的背街小巷则无人问津放任自流。不要忘了，经营城市资源的目的是完善城市功能，方便大众生活，而不是仅仅为了大面儿上“看起来很美”或者为利益盈亏而锱铢必较。

这篇评论，并不是专职评论人员撰写的，然而短小精悍，说理充分。像这样的“兼职记者”，多一些有什么不好?

当然，评论毕竟不容易写好。优秀的记者，不一定能成为优秀的评论员。新闻的语言，不同于评论的语言。这实际上是说，撰写评论，也有其内在的规律。有的记者，为完成撰写评论的任务，从头至尾，还是就事论事，笔锋“跳”不起来，思想“深”不起来，语言“精”不起来。这样，还是囿于新闻写作的范围，而没能拓展出新闻评论写作的应有舞台和空间。

写新闻报道，语言表达也是有讲究的，用最少的话表达最大的信息量是永恒的要求，“言简意赅”是目标。评论语言要求凝炼、准确，对记者而言，新闻写作中叙述事实的功底会得到升华。

记者当然要立足“本业”，那就是以抓新闻为主，着力培养自己的新闻敏感，培养自己采写新闻的基本功底，但是，注重“评论意识”不仅不妨碍“新闻主业”，还会对自己做好记者工作有极大帮助。

报纸上名记者开专栏，引人关注之处是其夹叙夹议，更多的是记者兼评论员的角色发挥。表述事实占一部分，而发表观点和看法占一部分。这种专栏，显示的不仅是记者的新闻敏感，同时还有记者敏锐的观察力。新闻事实，思想观点，文学功底以及升腾起来的激情，使这种专栏充满了活力、感召力和冲击力。

记者掌握的新闻事实，加上来源广博的知识，加上客观而辩证的思维，再加上恰当的文字表达方式，就能够写出高质量的新闻评论来。

看问题的“前后”、“左右”、“上下”，想问题的“深度”和“广度”，“画龙点睛”的水平，“简明扼要”的本领，语言活泼而准确，轻盈而沉稳，这都是评论成功的关键。

成就报道的亮点在哪里

在一个经济尚不发达而急于前行的国家里，建设成就报道是新闻舞台的一个重要角色；

在一个经济发展速度长时间居世界前列的国家里，建设成就报道是人们关心的亮点；

在一个万众一心、艰苦创业的国家里，建设成就报道中有劳作者的号子声和拉纤者的身影；

在一个加快发展并要克服重重艰难险阻的国家里，建设成就报道是一种鼓舞斗志的力量；

……

建设成就报道，意义非同一般。新中国成立，特别是改革开放以来，建设成就的报道在整个新闻报道中占据了重要的位置，发挥了积极的作用，收到了良好的效果。国外的读者、听众、观众通过这些报道，看到了中国人的努力，看到了中国实实在在的变化，更看到了中国的发展前景。国内的读者、听众、观众通过这些报道，增强了凝聚力，树立了信心，看到了国家和民族的希望。这有着何等重大的意义！

当然，建设成就报道在新的形势下也面临着进一步提高和完善的任务。这中间，对如何做好建设成就报道，探讨和研究的余地也是很大的。换句话说，如果我们更好地总结多年的经验和教训，更加注重报道的方法和艺术，更加注重报道形式的创新和发展，更加注重开拓新的报道领域和天地，建设成就报道一定会成为更加夺目的亮点。

那么，我们来看看成就报道的分类情况。在人们看来，成就报道的分类方法是多种多样的。按报道领域、报道范围、报道对象，都可以有多种分法。有一种分法是分为三类：一是国家宏观成就报道，比如说对整个国家某一年或某若干年的社会各方面和经济发展某项或综合成就的报道，体现出纵向和横向的比较特征，从而看出某种变化的趋势；二是行业或地区成就报道，比如说对某一个或若干个行业、地区在某些方面取得的成就的报道，特点是以区域视角或剖面视角来看社会各方面进步和经济发展及变化，这也叫中观成就报道；三是微观成就报道，比如以企业或工程项目、科研项目为报道对象，突出了这些企业或工程项目、科研项目的发展、开发、建设的进度及成果，展示了微观变化对国家社会经济发展的重要意义。

当然，这种分类，也是一种比较粗略的方法。实际上，在具体报道工作中，成就报道还有多种灵活的表现形式，比如，在纪念改革开放20周年的报道活动中，各个新闻单位就创造了许多成就报道经验，不仅反映了国家在各个方面取得的巨大变化，鼓舞了亿万人民迈向新世纪的信心，还在新闻报道实践上有了多方面的突破，并体现出了各种媒体的优势和特征。

做好成就报道有没有难度？有。成就报道最容易遇到的问题是一个“平”字。这个“平”字，包含着多重意思：一是“旧闻多”。成就报道反映的内容应该是最新的东西，如果是大家都已知道的东西，是别人早就报道过的东西，那就没有什么可吸引人的地方了。二是“老面孔”。新的报道内容应该有新的报道形式相配套，如果报道形式总是那么个老样子，就是“旧瓶装新酒”，读者、听众、观众没有新鲜感了，就是有新的内容也给淹没掉了。三是“蛋糕大”。生活中人们吃蛋糕是要切成块的，否则无法下口。成就报道也是这个道理。如果把许多的成就内容一股脑儿端给读者、听众、观众，不进行必要的“切割”，“蛋糕”再好也不容易“下口”。四是“距离远”。明明某项成就与大众切身利益密切相关，但是报道有意无意中将这项成就“高架”起来，不从与大众切身利益相关联的角度做文章，反让人觉着跟自己没什么密切的关系。五是“不精细”。有的新闻工作者认为反正是报道成就，难有什么创新，于是就不在报道角度、创意、文字加工和节目制作上下功夫了，这种应付的心理影响了成就报道的“精耕细作”。六是“不活泼”。成就报道是可以做到生动活泼的，可以做到让读者、听众、观众喜闻乐见的。如果不下功夫在“鲜活”上做文章，搞一大堆“数字”，弄许多“专业名词”，那就没人爱读、爱听、爱看了。七是“不够深”。一项建设成就的取得和完成，是很不容易的，它的取得和完成所将要发挥的作用也会是多方面的。如果成就报道就事论事，讲不出、讲不透多少“前因后果”，就不能够表现出建设成就对社会进步和经济发展的真正影响和意义。

成就报道实际上还可叫成就新闻。报道建设成就，与报道其他方面的事情一样，也是要遵循新闻规律的，依然要“新”字当头。从这个角度说，成就新闻也是一个大有可为的报道领域。一个优秀的新闻记者，不仅在抓问题报道上是快手、高手，而且在抓成就报道上也应是快手、高手。抓成就报道，也是要有精神的，也是要讲时效的，谁最早对某一建设成就作出了报道，谁发出的报道快速而准确，谁采写和制作的报道耐读耐听耐看，谁就会成为成就报道的行家里手，同样可以在新闻事业上获得成功。

从新闻记者的分工看，实际上并没有分抓成就报道的记者和抓问题报道的记者，正面的报道和批评的报道，都是新闻工作者的正常的报道范围。每一个新闻工作者，都肩负弘扬正气、抨击邪气的神圣职责。从这个角度看，新闻工作者不论做正面的报道（包括成就报道），还是做问题报道（包括批评报道），都应有对国家和人民高度负责的态度，都要实事求是，认认真真地工作，并力争有所创新，有所作为。

成就报道的亮点在“新”，在“快”，在“活”，在“近”，在“深”。“新”就是突出新闻性；“快”就是时效强；“活”就是生动多样；“近”就是贴近生活；“深”就是能够做到既知其然，也知其所以然。如果成就报道做到了这几个方面，成就报道就能够迈上一个新的台阶，就会开创一个新的局面。成就报道，是一个广阔的舞台。新闻工作者在这个舞台上是大有可为的。近年来新闻界在成就报道方面所作的努力，已经充分证明了这一点。